Ifigenia Theodoridou

Postmoderne Züge in der deutschsprachigen Gegenwartsliteratur

Christoph Ransmayrs "Die letzte Welt"

Bachelor + Master
Publishing

Theodoridou, Ifigenia: Postmoderne Züge in der deutschsprachigen Gegenwartsliteratur. Christoph Ransmayrs "Die letzte Welt", Hamburg, Diplomica Verlag GmbH 2012
Originaltitel der Abschlussarbeit: Postmoderne Züge in Christoph Ransmayrs "Die letzte Welt"

ISBN: 978-3-86341-420-7
Druck: Bachelor + Master Publishing, ein Imprint der Diplomica® Verlag GmbH, Hamburg, 2012
Zugl. Universität Thessaloniki, Thessaloniki, Griechenland, Diplomarbeit, 2012

Bibliografische Information der Deutschen Nationalbibliothek:
Die Deutsche Nationalbibliothek verzeichnet diese Publikation in der Deutschen Nationalbibliografie; detaillierte bibliografische Daten sind im Internet über http://dnb.d-nb.de abrufbar.

Die digitale Ausgabe (eBook-Ausgabe) dieses Titels trägt die ISBN 978-3-86341-920-2 und kann über den Handel oder den Verlag bezogen werden.

© Bachelor + Master Publishing, ein Imprint der Diplomica® Verlag GmbH
http://www.diplom.de, Hamburg 2012
Printed in Germany

Inhaltsverzeichnis

1. Einleitung

„Aufklärung ist der Ausgang des Menschen aus seiner selbstverschuldeten Unmündig-keit."[1] Mit dieser Definition weist Immanuel Kant bereits auf die einstigen Kraftpole der Moderne hin. Gemeint sind hiermit die ‚Vernunft', zu der er auffordert und das mündige ‚Subjekt', das zu ihr fähig sei. Bestimmt werden diese beiden Schlüsseltermini der Moderne durch die Wissenschaften, die in ihrer Kritik an der Metaphysik begründet liegen und in denen die Vollendung der europäischen Rationalität erfolgt.[2] Hierbei geht die Moderne von einem rein immanenten Weltbild aus, das seine Legitimität in der allgemeinverbindlichen wissenschaftlichen Aufklärung sieht und von einem wider-spruchsfreien, intersubjektiven[3] Wissen ausgeht. Die Moderne tendiert hierbei zum „regnum hominis"[4], dem sich totalen Verfügbarmachen der Natur und des Menschen. Demzufolge negiert sie die Existenz eines „grundsätzlich Unverfügbaren"[5], das der menschlichen Ratio unzugänglich ist. Somit geht die Moderne von einer *einzigen,* gänzlich erfassbaren Wirklichkeit aus, die laut Kant nur vom mündigen, vernünftigen Menschen zu begreifen sei.[6] Gerade dieser Totalitätsanspruch des modernen Menschen durch seine Ratio alles begreifen zu können, führte auch zu dessen Intoleranz gegenüber allem, was seinem Realitätsbild widersprach.[7]

Daher kam es in den letzten Jahrzenten verstärkt zu der Forderung sich von den leitenden Ideen der Moderne abzuwenden und diese zu revidieren. Eine einheitlich wahrnehmbare Wirklichkeit wird somit von den Vertretern der Postmoderne in Frage gestellt. Dementsprechend fordert Umberto Eco im Sinne der Postmoderne die Auflö-sung von „universellen Gesetzen, Kausalbeziehung[en] [und der] Vorhersehbarkeit der Phänomene"[8]. Widersprochen wird hiermit der Auffassung, es gebe einen logischen Schluss und somit auch einen evidenten Grund für alles. Die Idee, dass es *eine* Wahr-

---

[1] Kant 1784:481.
[2] Vgl. Prechtl 1999:459.
[3] Die Moderne geht von der Annahme aus, dass Wirklichkeit für alle gleichermaßen gelte, nicht erst vom Subjekt selbst konstruiert wird und somit intersubjektiv also überindividuell sei. (Vgl. Kant 1784:481.)
[4] Mader 1996:298.
[5] Ebd.
[6] Vgl. Kant 1784:481.
[7] Deutlich wird dies zum Beispiel in Anbetracht der Vielzahl der ideologisch motivierten Kriege.
[8] Eco 1973:214.

heit[9] gebe, der sich alle zu fügen hätten, habe zu großer Grausamkeit auf unserer Welt geführt und sei somit zu verwerfen.[10] Diese „erste Strategie des Vergessenmachens"[11] verlange uns die Postmoderne, als Gegenbewegung zur Moderne, ab. Gemeint ist hiermit das „Vergessen"[12] der Denkmuster, mit denen wir die Welt und uns selbst wahrnehmen und die Annahme der Tatsache, dass sämtliche Welterklärungstheorien nur Bruchstücke der Wirklichkeit erfassen können. Folglich fasst die Postmoderne eine Reihe von Positionen zusammen, die „Kritik an den Paradigmen der Moderne"[13] und deren „grand récits"[14] üben. Gemeint ist mit dieser postmodernen Distanzierung von den „großen Erzählungen"[15] der Moderne, die kritische Auseinandersetzung mit ideologischen Strömungen, wie dem Rationalismus, dem Humanismus, dem Kapitalismus, dem Marxismus und selbst dem Christentum.[16] Alle diese stellen den Anspruch auf Allgemeingültigkeit und unterliegen somit dem postmodernen Verdikt totalitär zu sein. Die Postmoderne konstatiert somit den Niedergang der Ideologien, die gemäß Vertretern der postmodernen Philosophie[17] zu katastrophalen Erfahrungen führten. Sie begreift sich selbst als „diagnostische[n] Reflex, auf das offenkundige Scheitern der Moderne"[18], betont die „Beteiligung des Lesers am Prozess der Bedeutungsproduktion"[19] und die hiermit verbundene Vielfalt an Interpretationsmöglichkeiten. Dies bedeutet folglich, dass nicht nur der Autor selbst sein Werk interpretiert, sondern, dass Literatur im Moment ihrer Rezeption entsteht, da sie von jedem Leser anders verstanden wird.

Gerade diese Grundzüge der Postmoderne lassen sich mit einer Quelle vereinbaren, der sich Schriftsteller der letzten Jahrzehnte vermehrt zuwenden: dem Mythos.[20] Im Gegensatz zu den ‚Vernunftschranken' der Aufklärung und dem Konzept eines totalitären, sich nicht ändernden Realitätsbildes, handelt es sich beim Mythos, um einen sich

---

[9] Gemeint ist hiermit die Vorstellung einer sinngebenden ideologischen Wahrheit.
[10] Vgl. Schmidt 2009:1.
[11] Schmidt 1986:9.
[12] Ebd.
[13] Prechtl 1999:458.
[14] Lyotard 1986:12.
[15] Ebd.
[16] Prechtl 1999:458.
[17] Zu sehen ist dies unter anderem in der programmatischen Schrift *Wege aus der Postmoderne*, die 1994 von Wolfgang Welsch herausgegeben wurde.
[18] Behrens 2008:10.
[19] Burdorf 2010:603.
[20] Mader 1996:297.

wandelnden Stoff, der an eine anfängliche Weltorientierung anknüpft, deren Pluralität nicht zugunsten einer statischen, vereinfachten Wirklichkeitsvorstellung negiert wird. Der Mythos scheint geradezu durch seine Vielfalt und der ständigen Veränderung, die an ihm vorgenommen wird, als solcher zu existieren und besteht somit unabhängig vom Autor fort. Dementsprechend verwandeln sich in ihm Steine zu Menschen[21], Menschen zu Tieren und statt von einer, sich nicht veränderbaren, göttlichen Autorität, geht er von der Pluralität der Götter aus. Diese sind jedoch wiederum von einer, Menschen zugesprochenen, Ambivalenz geprägt. Statt eines statischen Realitätsbildes wird somit im Mythos von einer ständigen Veränderung der Gegebenheiten ausgegangen. Rushdie spricht hierbei von „stasis" und „metamorphosis"[22]. Es ist also nicht verwunderlich, dass gerade Ovids *Metamorphosen*, das Werk, in dem keinem seine Gestalt blieb,[23] Grundlage eines der, für die Postmoderne charakteristischsten Romane bildet: Christoph Ransmayrs *Die letzte Welt*.

Bereits mit seinem Prosatext *Strahlender Untergang. Ein Entwässerungsprojekt oder die Entdeckung des Wesentlichen* verzeichnet Ransmayr 1982 erste Erfolge. Mit seinem Roman *Die letzte Welt* aber etabliert er sich schließlich als international renommierter Schriftsteller der deutschsprachigen Gegenwartsliteratur, da er zu den wenigen zählt, denen bereits zu Beginn ihrer Karriere als Schriftsteller ein so „euphorisch positives Urteil entgegenschlug"[24]. Zu erkennen ist dies zum Beispiel an der überaus positiven Kritik der Feuilletons von *Frankfurter Allgemeiner*[25], *Spiegel*[26] und *Zeit*[27], die sich ungewöhnlich einstimmig zum Werk äußern. Die Frage, ob dies darauf hindeutet, dass die Literaturkritik noch objektiven Maßstäben folge oder Ransmayr seinen Erfolg der Förderung durch Enzensberger zu verdanken habe,[28] ändert jedoch nichts an der Tatsache, dass *Die letzte Welt* 1988 zeitlich an die Intensivierung der Postmoderne-Debatte in den 80er Jahren anschließt und hiermit die literarische Antwort auf die theoretischen Vorüberlegungen von Jean Francois Lyotard, Richard Rorty und Jürgen Habermas und Anderen zu sein scheint. Um dies jedoch zu untersuchen müssen wir uns

---

[21] Vgl. Ovid 2007.
[22] Rushdie 1997:14.
[23] Vgl. Ovid 2007:17.
[24] Epple 1992:9.
[25] Frank Schirrmachen spricht in der Frankfurter Allgemeinen Zeitung (17.9.1988) davon, dass es mit Ransmayr „endlich ein neues Talent" gebe. Vgl. Epple 1992:119.
[26] Vgl. Wieser Harald, in: Frankfurter Allgemeine Zeitung, 17.9.1988.
[27] Vgl. Hage Volker, in: Zeit, 07.10.1988.
[28] Epple 1992:9.

zunächst mit dem Begriff der Postmoderne selbst auseinandersetzen. Dies geschieht zunächst durch einen begriffsgeschichtlichen Abriss (Kapitel 2.1) und der Darstellung der Debatte um Moderne und Postmoderne (Kapitel 2.2). Vom dritten bis zum sechsten Kapitel veranschauliche ich anschließend die postmodernen Tendenzen in Ransmayrs *Die letzte Welt*. Es bietet sich an, die Postmoderne immer im Zusammenhang zur Moderne zu untersuchen, da sich die Postmoderne aus der Moderne speist.[29] Dementsprechend ist auch die Gliederung dieser Arbeit bipolar aufgebaut und orientiert sich an sechs Gegensatzpaaren, die entscheidend für den Dialog zwischen Moderne und Postmoderne sind.

Wie bereits erwähnt wurde, ist ein neues Wirklichkeitsverständnis grundlegend für die Postmoderne, da nunmehr die Dichotomie zwischen Realität und Fiktion, die die Moderne postulierte[30], aufgehoben wird. Auf diesen Aspekt wird im dritten Kapitel der vorliegenden Arbeit eingegangen und gezeigt, wie die Realität der Figuren in Ransmayrs Roman dekonstruiert wird. Auch der Mythos, als Terminus der unwahren Erzählung[31] und der Logos, als verantwortliche und vernünftige Rede[32], sind Gegenstände dieser Untersuchung (Kapitel 4). Die Suche Cottas, dem Protagonisten der *letzten Welt*, nach dem nach Tomi verbannten Dichter Ovid, dem Autor des Romans *Metamorphosen,* ist ein Zentralmotiv in Ransmayrs *Die letzte Welt*. Gerade durch diese Suche nach dem Autor wird das „poststrukturalistische Theorem vom Tod des Autors illustriert"[33]. Dementsprechend wird in dieser Arbeit auch auf das Gegensatzpaar Autor und Textautonomie eingegangen (Kapitel 5). Auch der Eklektizismus zählt zu den Merkmalen der Postmoderne[34] und wie man bereits am ovidischen Repertoire erkennt, das dem Roman beigefügt ist, ist auch Ransmayrs *Die letzte Welt*, aus verschiedenem heterogenem Material zusammengefügt worden. Daher wird im sechsten Kapitel auch der Aspekt der Pluralität im Vergleich zu dem der Totalität untersucht, der durch die Diskrepanz zwischen den Städten Rom und Tomi verbildlicht wird. Rom ist hierbei sowohl die Heimatstadt Ovids als auch Cottas. Tomi hingegen wird als das Ende des römischen Imperiums gesehen. Alle diese postmodernen Züge, die ihren modernen Pendants

---

[29] Näher wird hierauf in Kapitel 2.3. eingegangen.
[30] Vgl. Mader 1991:283.
[31] Vgl. ebd.:270f.
[32] Vgl. Jamme 2010:Sp.1681.
[33] Meier, Albert: Literatur des 20. Jahrhunderts. http://www.literaturwissenschaft-online.uni-kiel.de/veranstaltungen/vorlesungen/literatur20/letztewelt.pdf - Aktualisierungsdatum: 05.02.2012.
[34] Ebd.

entgegengesetzt werden, stehen eng in Verbindung zueinander. Daher möchte ich an dieser Stelle darauf hinweisen, dass bei dieser Arbeit Überschneidungen schwer zu umgehen sind, da auch der Zusammenhang zwischen postmodernen Schlüsseltermini gezeigt werden soll. Zunächst folgt jedoch ein begriffsgeschichtlicher Abriss.

2. Theoretischer Rahmen: Die Postmoderne

2.1. Zur Geschichte des Terminus „Postmoderne"

Entgegen der allgemeinen Auffassung der Terminus „Postmoderne" entstamme der Architektur-Diskussion, muss gesagt werden, dass dieser seinen Ausgangspunkt in einer Literaturdebatte fand, die Ende der 50er Jahre in den USA begann.[35] Dennoch hat das Adjektiv „postmodern" sein Debüt um 1870[36], also mehr als ein Jahrhundert vor dem Beginn des Diskussionsstranges um die Postmoderne, mit dem sich auch diese Arbeit auseinandersetzt. Doch auch damals stand der Begriff in Verbindung zur Kritik reaktionärer Kunst. In diesem Fall handelte es sich um die Kritik des Salonmalers Chapman an der impressionistischen Malerei und seine Aufforderung zu einer sie revidierenden „postmodernen" Malerei. [37] Beim zweiten Gebrauch des Adjektivs „postmodern" handelt es sich jedoch lediglich um eine wortschöpferische Neufassung von Nietzsches „Übermensch"[38]. 1917 meint Rudolf Pannwitz, nur ein „postmoderner Mensch" könne die Krise der Moderne überwinden.[39] Hierbei knüpft er an Nietzsches Programm zur Überwindung der Schwächen der Moderne an.[40] Interessant ist dabei, dass der Begriff „postmodern", bereits so früh in Verbindung zu Nietzsche stand, der als „die Vaterfigur der Postmoderne schlechthin"[41] und „Drehscheibe"[42] für den Eintritt in die Postmoderne gilt. In substantivischer Form erscheint der Begriff erstmals 1934 beim Literaturwissenschaftler Federico de Onis,[43] der die Phasen der neueren spanischen und hispanoamerikanischen Dichtung in „modernismo" (1896-1905), „postmodernismo" (105-1914) und „ultramodernismo" (1914-1932) einteilt.[44] Auch 1947, als Arnold J. Toybees in seinem enzyklopädischen Hauptwerk *A Study of History* die gegenwärtige Phase der abendländischen Kultur als „post-modern" bezeichnet,[45] steht dieser Terminus in einem anderen sachlichen und zeitlichen Rahmen, als heute üblich.[46] Wiederum tritt jedoch der

---

[35] Vgl. Welsch 1987:7.
[36] Vgl. ebd.
[37] Vgl. Higgins 1978:7.
[38] Vgl. Welsch 1994:8.
[39] Vgl. Pannwitz 1917:64.
[40] Ebd.
[41] Welsch 1994:8.
[42] Habermas 1988:104.
[43] Welsch 1994:8.
[44] De Onis 1934:XVIII.
[45] Welsch 1994:9.
[46] Toynbee 1947:39.

Terminus nicht im Kontext der eigentlichen Debatte um Moderne und Postmoderne auf. Diese beginnt erst 1959, als Irving Howe und Harry Levin einen Grenzstrich zwischen der Literatur ihrer Zeit und der Literatur der Moderne ziehen. Als „modern" bezeichnen sie hierbei die Literatur der Yeats, Eliot, Pound und Joyce.[47] Entgegen dem bis dahin kulturpessimistischen Blick auf die Literatur ihrer Zeit verteidigen Howe und Levin die neue Literatur und geben den Vergleich mit den Maßstäben der klassischen Moderne auf: Postmoderne Literatur solle alle sozialen Schichten ansprechen.[48] Nach zehn Jahren der intensiven Literaturdebatte hierzu gelangt man 1969 zu einer allgemeinen Auffassung von Postmoderne: „Postmoderne Phänomene liegen dort vor, wo ein grundsätzlicher Pluralismus von Sprachen, Modellen und Verfahrensweisen praktiziert wird, und zwar nicht bloß in verschiedenen Werken nebeneinander, sondern in ein und demselben Werk."[49] Ausgangspunkt dieser Kennzeichen ist die Kritik an der Vorstellung der Moderne, dass es eine objektive, für alle gleichermaßen geltende Wirklichkeit gebe, diese nicht durch die subjektive konstruiert sei, sondern als solche a priori bestehe und von der menschlichen Ratio erfasst werden kann.

Genauso wie die Postmoderne aber nicht nur von *einer* Wirklichkeit ausgeht, kann somit auch nicht die Rede von nur *einer* Postmoderne sein, sondern vielmehr von postmodernen Konstellationen.[50] Doch alle diese Konstellationen haben eines gemeinsam: Sie werden stets mit der Moderne kontrastiert. Die Diskussion um die Postmoderne und die Moderne orientiert sich hauptsächlich an der Frage, ob mit der postmodernen Kritik an der europäischen Rationalität „nur die immer wieder in deren Tradition auftretende Kritik nun radikal artikuliert wird oder ob ein neues Denken, einsetzt."[51] Wird in der Postmoderne also von Grund auf neu gedacht oder werden mit ihr nur noch die Konsequenzen modernen Denkens gezogen? Auf diese Fragestellung und die Bedeutung des Terminus „Postmoderne" möchte ich im Folgenden näher eingehen.

---

[47] Welsch 1994:9.
[48] Vgl. Kapitel 5.5. zur Verständlichkeit der Sprache.
[49] Welsch 1994:10.
[50] Vgl. Ortheil 1994:30.
[51] Mader 1996:297.

2.2.   Postmoderne versus Moderne

Dass die Diskussion um die Postmoderne in ihrem „Kern eine Auseinandersetzung um die Moderne ist"[52], hängt bereits mit begriffstechnischen Gründen zusammen, da durch den Terminus der Postmoderne bereits impliziert zu werden scheint, dass es sich hierbei um eine Überwindung der Moderne handle. Hierbei stellt sich die Frage, inwieweit die Postmoderne tatsächlich ein Ende der Moderne proklamiert und, ob sie nicht gerade deshalb, weil sie sich stets auf sie beruft, auch zu ihr gehört. Da die Arbeit bipolar aufgebaut ist und sich mit den Schlüsseltermini der Moderne und Postmoderne in Ransmayrs Roman auseinandersetzt, ist es sinnvoll sich zunächst mit der Frage nach der Komplementarität dieser Begriffe auseinanderzusetzen. Die Komplexität des Postmoderne-Begriffs und die Schwierigkeit einer Definition scheinen hauptsächlich mit drei Faktoren zusammenzuhängen. Erstens hat sich der Postmoderne-Begriff bereits auf zahlreiche kulturelle und gesellschaftliche Bereiche ausgeweitet.

> ,Postmoderne' ist ein Ausdruck, der nicht mehr nur auf Literatur, Architektur und andere Sparten der Kunst angewandt wird, sondern soziologisch so gut eingeführt ist wie philosophisch, ökonomisch so sehr wie theologisch, und er hat in Historie und Anthropologie, Jurisprudenz und Psychiatrie, Kulturtheorie, Geographie und Pädagogik Eingang gefunden.[53]

Zweitens trägt das Präfix „post" zur Mehrdeutigkeit des Begriffes bei, da es der Postmoderne den Anschein einer Epoche gibt, obwohl es sich eher um die „Anzeige eines Zustandes"[54] handelt „dessen Beschreibung noch unsicher ist"[55] und die Moderne „nicht tout court verabschiedet"[56], sondern sie hinterfragt und sich mit ihr auseinandersetzt. Drittens wird die Umgrenzung des Terminus „Postmoderne" durch die Tatsache erschwert, dass auch den diversen Begriffen zur Moderne sehr unterschiedliche Konzepte zugrunde liegen. Bezieht man sich auf die Moderne des 18. Jahrhunderts als Produkt der Aufklärung, die Moderne des 19. Jahrhunderts in Verbindung mit dem Fortschrittsglauben der Industrialisierung oder die Moderne des 20. Jahrhunderts einschließlich ihrer künstlerischen Avantgarden? Beachtet wird dabei oft kaum, dass postmoderne Züge in der Literaturgeschichte immer wieder zum Beispiel in den

---

[52] Welsch 1994:2.
[53] Ebd.:1.
[54] Ebd.:2.
[55] Ebd.
[56] Ebd.

Avantgarde-Literaturen auftreten.[57] Zudem sprechen zum Beispiel romantische Moderne-Versionen selbst gegen Merkmale, die der Moderne zugewiesen werden.[58] Bereits Konzepte der Moderne, wie der Surrealismus und der Dadaismus, weisen Merkmale auf, die als Kriterien für postmoderne Literatur gelten. Demnach kann zum Beispiel die Ablehnung von Rationalität nicht nur der postmodernen Literatur zugewiesen werden, da sie zuvor auch in der Moderne vorkommt.[59] Dass postmoderne Züge epochenübergreifend vorzufinden sind und in der Postmoderne letztendlich ihren Höhepunkt finden, würde der poststrukturalistischen Auffassung von der Eigendynamik der Signifikanten und ihrer „unendlichen Semiose"[60] entsprechen, da somit auch Literaturströmungen selbst, nicht als in sich geschlossene Systeme aufzufassen sind, sondern sich stets aufeinander beziehen. Die Rede kann hierbei somit nur von postmodernen Zügen der Literatur sein. Hierfür spricht auch die Tatsache, dass sich bereits bei Aristoteles postmoderne Ansätze finden lassen.[61] So kritisiert er zum Beispiel die totalitären, universalistischen Tendenzen der platonischen Philosophie, die man durchaus als „modern" bezeichnen könnte. Daher stellt sich die Frage, ob das postmoderne und das moderne Denken in einen zeitlich begrenzten Rahmen zu setzen sind und, ob es sich hierbei nicht vielmehr um einen Dialog zwischen diesen zwei Opponenten handelt und dieser als Antriebskraft für die Entstehung neuer Literaturepochen in der Moderne fungiert.

Beabsichtigt wird mit dieser Fragestellung natürlich weder die Gleichsetzung dieser Literaturepochen noch eine bipolare Betrachtung der Literatur, die diese in modern und postmodern einteilt, sondern vielmehr das Aufzeigen von Parallelen der verschiedenen Epochen in Bezug auf Prinzipien des modernen und postmodernen Denkens. Dementsprechend gelangt auch Umberto Eco zu dem Schluss, dass „postmodern" keine zeitlich begrenzte Strömung ist, sondern eine Geisteshaltung darstellt.[62] Hiervon ausgehend

---

[57] Vgl. Schmidt 2009:8.
[58] Man denke hierbei zum Beispiel an die Fortschrittsgläubigkeit und Rationalität, die der Moderne zugesprochen werden.
[59] Vgl. Schmidt 2009:8.
[60] Chandler 1994: 32. Nach Peirce ist der Interpretant selbst wieder ein Zeichen und unterliegt somit selbst wiederum der Semiose. Dies führt zu einer unbegrenzten Semiose.
[61] Charakteristisch hierfür ist unter anderem Aristoteles' erstes Buch *Metaphysik* zur Philosophiegeschichte, in dem Aristoteles meint, dass das Sein nicht in der bloßen Materie gesucht werden kann, noch in dem reinen Gedanken des Allgemeinen (Plato). Hingegen liege die Wirklichkeit in dem Einzelding. Auch Aristoteles vertritt hiermit ein pluralistisches Wirklichkeitsbild.
[62] Eco 1993:57.

meint er sogar, dass „jede Epoche ihre eigene Postmoderne hat"[63] und spricht hierbei von der Avantgarde als „metahistorischer Kategorie"[64], die stets „mit der Vergangenheit abrechnen will"[65]. Die Postmoderne verkörpert somit einen Versuch der „Preisgabe der Vernunft"[66], übt also explizite Vernunftkritik und steht dadurch in der Tradition anderer Avantgarde-Literaturen, die letztendlich auch Ausdruck eines Gesinnungswechsels von modernem zu postmodernem Denken[67] sind. Dennoch hebt sich die Postmoderne von den Literaturen der Avantgarde dadurch ab, dass sie den Dialog zur Vergangenheit sucht, diese nicht zu negieren versucht, sondern sie „meist ironisch gebrochen und distanziert[68] darstellt". Somit kann die Postmoderne nicht als Abbruch der Moderne verstanden werden, da sie sich stets mit ihr auseinandersetzt. In diesem Sinn spricht Johann Mader sogar von einer „Dialektik der Postmoderne"[69], da sie „so sehr sie Neues zu sein intendiert, so stark [...] dem Alten verhaftet [ist], das sie negiert."[70] Die Tatsache, dass die Aufklärung selbst konstatiert, dass Einsichten stets durch bessere korrigiert werden müssen[71], weist daraufhin, dass die Postmoderne auch als Teil der „radikalisierte[n] Aufklärung"[72] angesehen werden kann, die die Defizite ihrer Vorgängerin zu beheben versucht und dennoch somit zu ihr gehört. Dementsprechend kommt Lyotard in seinem Vortrag *„Die Moderne redigieren"* auch zu dem Schluss, dass „die moderne Zeitform einen ständigen Antrieb zur Überschreitung enthält, so dass die Moderne ohnehin andauernd mit einer Postmoderne schwanger geht."[73] Auch Gianni Vattimo widerspricht einer Überwindung der Moderne durch die Postmoderne, da dieser Gedanke in sich bereits modern sei, denn gerade durch „Überwindung" sichert die Moderne ihre Existenz weiter.[74]

---

[63] Ebd.
[64] Ebd. Das heißt, dass diese nicht in eine bestimmte geschichtliche Zeitspanne einzuordnen ist.
[65] Ebd.
[66] Vgl. Schäffer, Francis: *Preisgabe der Vernunft. Kurze Analyse der Ursprünge und Tendenzen des modernen Denkens.* Witten: SCM R. Brockhaus 1985.
[67] Hierbei ist, wie bereits gesagt wurde, die Rede von postmodernem Denken als „metahistorischer Epoche" im Sinne Umberto Ecos und nicht im Sinne der Postmoderne als Epoche.
[68] Lützeler 1993:103.
[69] Mader 1996:298.
[70] Ebd.
[71] Vgl. Habermas 1983:104.
[72] Ebd.
[73] Lyotard 1986, zitiert nach Welsch 1994:32.
[74] Vgl. Welsch 1994:235.

> Daher wäre der scheinbar starke und konsequente Postmodernist, der die Postmoderne als strikte Ablösung und Überwindung der Moderne verstünde, in Wahrheit ein ganz üblicher Modernist und überhaupt kein Postmodernist.[75]

Es konnte in diesem Kapitel somit gezeigt werden, dass es sinnvoll ist von postmodernem und modernem Denken bzw. Zügen statt feststehenden Epochen zu sprechen, da ihre Grundideen stets im Dialog zueinander stehen. Dies wird auch in Ransmayrs *Die letzte Welt* durch die Dichotomie in Metropole (Rom) und Peripherie (Tomi, die letzte Welt) ersichtlich. Im Folgenden wird unter anderem untersucht, ob die vom Protagonisten empfundene Diskrepanz zwischen seiner auf Vernunft bedachten Heimatstadt Rom und dem sich wandelnden Tomi überwunden wird.

---

[75] Welsch 1994:34.

3. Fokus Realität: Gegentendenz Imagination

Die Tatsache, dass sich die erste nennenswerte Diskussion um die Postmoderne in den 50er Jahren, also nach dem Ende des Zweiten Weltkriegs austrug, spricht für die These, dass sich wesentliche Veränderungen in den Geisteswissenschaften ereignen, nachdem es zu soziokulturellen Umbrüchen gekommen war.[76] Im Falle der Postmoderne handelt es sich hierbei um die wesentlichen Veränderungen innerhalb der Kommunikations-, Wissens- und Energietechnologien.[77] Die Information hat sich nicht nur zu einem bestimmenden Moment der Kommunikation entwickelt, sondern wurde zudem technisiert und vollzieht sich zunehmend maschinell.[78] Im informationstechnologischen Zeitalter lässt sich nicht mehr mit Bestimmtheit festlegen, was Wirklichkeit ist, da sich Informationen zusammensetzten lassen und die EDV somit Wirklichkeit neu erfinden kann.[79] Demnach wird die maschinelle Information selbst zur Realität, wenn sie für diese gehalten wird. Wirklichkeit erweist sich als Konstrukt subjektiver Wahrnehmung.[80] Ransmayr kommt in seinem Werk immer wieder auf die Diskussion um den Realitätsbegriff zu sprechen und dekonstruiert diesen auf zwei Ebenen: Erstens hinsichtlich des Protagonisten Cotta, indem dessen Wirklichkeit durch den Einbruch des Phantastischen aufgelöst wird und zweitens hinsichtlich des Rezipienten, dessen Wahrnehmung der fiktiven Wirklichkeit durch Verwirrungsstrategien beeinflusst wird. Im Folgenden wird zunächst auf die erste Ebene der Dekonstruktion von Wirklichkeit eingegangen.

3.1.　Die Phantasie Nasos gegen die Realität Cottas

Der römische Dichter Ovid, auch Naso genannt, und sein verschollenes Werk *Metamorphosen* werden von Cotta in der Stadt Tomi, dem Verbannungsort Nasos gesucht. Doch Ovids *Metamorphosen* werden nicht nur zum Gegenstand der Suche Cottas, „sie wechseln sogar aus dem Raum des Imaginativen in den des Realen".[81] Cotta muss

---

[76] Vgl. Mader 1996:283.
[77] Vgl. ebd.
[78] Vgl. ebd.
[79] Vgl. Epple 1992:96.
[80] Vgl. Mader 1996:283.
[81] Epple 1992:66.

feststellen, dass er sich bereits mitten in den *Metamorphosen* Nasos befindet und, dass deren Plot für ihn zur Wirklichkeit geworden ist. Folglich wird er Zeuge der mythischen Verwandlungen aus Ovids *Metamorphosen*, dem Prätext zu Ransmayrs Roman. Hierdurch werden hinter der *letzten Welt* immer wieder Ovids *Metamorphosen* sichtbar. Cotta erlebt dabei, wie die Einwohner Tomis sich unter anderem allmählich zu Steinen[82], Vögeln (LW: 31) und Tieren (LW: 80) verwandelt und bleibt davon natürlich nicht unbeeinflusst. Sein von ihm für allgemeingültig gehaltener Wirklichkeitsbegriff gerät folglich ins Wanken. Anfangs geschieht jedoch in *Die letzte Welt* nur wenig Phantastisches, das dies auslösen könnte. Dennoch weist der Roman eine Vielzahl an Stellen auf, in denen für Cotta die Grenze zwischen Realität und Imagination nicht eindeutig ist. Hierbei werden Zustände angesprochen, die sich an der Grenze der Vernunft und des Bewusstseins befinden. Einige charakteristische Textstellen aus Ransmayrs Roman werden nun diesbezüglich analysiert.

Cottas Wirklichkeit wird unter anderem durch die Beschreibung von Grenzzuständen dekonstruiert, die dem Leser wohl bekannt sind. In Zuständen der Müdigkeit (vgl. LW: 62), des Fiebers (vgl. LW: 80), der Trunkenheit (vgl. LW: 73) und der sexuellen Begierde (vgl. LW: 121f.) verändert sich die Wahrnehmung und auch das Verhalten Cottas. Cottas Wirklichkeit verliert allmählich, wie in einem Traum ihre Konturen. So zum Beispiel als Cotta bei seiner Suche nach Naso auf dessen Knecht Pythagoras in Trachila stößt. Als Cotta ihm durch ein „Labyrinth aus Stämmen und Zweigen" folgt und dabei zu „müde [ist,] um sich noch gegen die Schläge der Sträucher zu schützen" (LW: 62), verschwimmen Cottas Wirklichkeit und das Phantastische in Trachila, dem letzten Zufluchtsort Nasos: Aus Pythagoras wird plötzlich „ein uraltes, unmenschlich altes Wesen, das an den äußersten Rand des Lebens gekommen war" (LW: 63). Hierbei wird deutlich, dass das vom Subjekt als Wirklichkeit Erfasste ein Konstrukt seiner Wahrnehmung ist.

In seiner Auseinandersetzung mit dem *Nutzen und Nachteil der Historie für das Leben* kritisierte bereits Nietzsche die Tatsache, dass die Geisteswissenschaften sich an einem unerreichbaren Objektivitätsideal orientieren.[83] Von diesem Konzept Nietzsches ausgehend sprechen auch postmoderne Theoretiker von der Wirklichkeit als Konstrukt subjektiver Wahrnehmung. Da sich aber selbst das Subjekt verändert und mit ihm auch

---

[82] Vgl. Ransmayr 1991:177 [Zit. als: LW.].
[83] Epple 1992:66.

seine Wirklichkeitswahrnehmung, kann schon deshalb nicht die Rede von einer absolu-
ten allgemeingültigen Wirklichkeit im Sinne der Moderne sein. Da sich das Subjekt
nicht einmal darüber sicher sein kann, wie es selbst in Zukunft denken, handeln und
Wirklichkeit wahrnehmen wird, werden ihm seine Möglichkeitsspielräume, laut Sartre,
erst in Grenzzuständen bewusst.[84] Da Wahrnehmung somit vom Möglichkeitsspielraum
des Subjekts abhängt und dieser ihm erst in den Grenzerfahrungen bewusst wird[85], leitet
Ransmayr seine Figuren bewusst in Grenzzustände, die ihre Wahrnehmung und somit
ihre Wirklichkeit verfremden. Dementsprechend erscheinen Cotta bei seinem Aufent-
halt in Trachila, im Grenzzustand der Müdigkeit, seltsame Geschöpfe:

> „Der Viehhirt trug auf seinen Schultern einen Klumpen, der aus Wimpern, Lidern, Tränen-
> säcken und Augäpfeln bestand, auf denen sich das Silberlicht in Sternen spiegelte und
> brach, trug einen rundum blinzelnden, starrenden, schauenden, stierenden Klumpen, einen
> Schädel aus Augensternen." (LW: 64)

Bemerkenswert ist, dass dieses als „furchtbar" (LW: 64) empfundene Wesen zugleich
von Cotta als „schön" (LW: 64) charakterisiert wird. Cotta fasst das Entsetzen (LW: 64)
und er findet sich in der von Sartre beschriebenen Extremsituation der Angst wieder, in
der der Mensch erst seinen Möglichkeitsspielraum erkennt.[86] Tatsächlich tritt auch bei
Cotta „neben [der] Transgression der Wirklichkeitsgrenze […] die des Humanen"[87], da
er aufgrund seiner Angst „einen hohlen, langen Schrei [spürt], der aus seinem Innersten
kam, einen fremden, tierischen Laut, der seinen Rachen, die Nasen- und Stirnhöhlen
erfüllte, seinen Kopf vibrieren ließ und endlich als Gebrüll gleichzeitig aus Mund und
Nase hervorstieß: Es war das Brüllen einer Kuh." (LW: 64) Selbst das Humane kann
demnach nicht länger als Orientierungsbasis dienen.[88] Viele Aspekte des Romans lassen
sich auf das hiermit verbundene Konzept Nietzsches zur „Auflösung des Subjekts"[89]
zurückführen, das in der Unbeständigkeit der Persönlichkeit Cottas zum Ausdruck
kommt. Deutlich wird dies auch in der Nacht, in der Echo, eine „berückenden Schönheit" (LW: 247) zum Opfer seiner Lust wird. Echo hatte Ovids Erzählungen in Tomi
gehört und berichtet Cotta von ihrer Version der *Metamorphosen*, dem „Buch der

---

[84] Vgl. Schmidt 2009:342.
[85] Vgl. ebd.
[86] Vgl. ebd.
[87] Ebd.
[88] Vgl. ebd.
[89] Ebd.

Steine" (LW: 126). Sie leidet an einem Schuppenfleck, der über ihren Körper wandert (vgl. ebd.) und wenn auch nur heimlich

> wird Echo doch von vielen Bewohnern der Schwarzmeerküste geliebt; Viehhirten wie Erzkocher suchen sie im Schutz der Dunkelheit manchmal auf, um sich in Echos Armen in Säuglinge, in Herren oder in Tiere zu verwandeln. Ihre Liebhaber wissen sich durch Echos Verschwiegenheit von allen Vorwürfen und aller Scham geschützt und hinterlassen dafür im Schutt einer Ruine Bernstein, Felle, getrockneten Fisch und Töpfe voll Fett." (Ebd.)

Für eine Nacht wird auch Cotta zu einem ihrer Liebhaber. Aufgrund „seiner Sehnsucht nach ihrem Körper [und seiner] Gier nach ihrer Umarmung, ihrer Wärme, ihrem Mund, [überlässt sich Cotta] dem Glauben [...], diese Frau würde ihm ihre Arme ebenso bereitwillig öffnen wie ihr Gedächtnis." (LW: 121). Hierbei wird deutlich, wie sehr eigene Wünsche die Wahrnehmung und somit auch die eigene subjektive Wirklichkeit beeinflussen. Cotta glaubt Echo sei dazu bereit sich auf ein sexuelles Verhältnis mit ihm einzulassen und blendet somit *ihre* Wirklichkeit, wie sie vom auktorialen Erzähler geschildert wird, aus:

> Echo ertrug seine Küsse, seine Hände, ohne sich zu wehren, ohne ein Wort, ohne einen Laut. Stumm klammerte sie sich an den Besinnungslosen, als er sie unter seinen Körper zwang. (LW: 122)

Doch es ist letztendlich der Grenzzustand des Entsetzens, „das Gefühl des Ekels" (LW: 122), das ihn dazu bringt, von ihr abzulassen, da „seine Hand über den auf ihrem Rücken verborgenen Schuppenfleck geglitten [war], ein ausgedehntes, verwüstetes Stück Haut, so dürr und kalt, daß ihn der Gedanke an eine Echse durchfuhr." (LW: 122) Es ist dieses Grenzerlebnis, das Cotta dazu zwingt, über die Moral seines Verhaltens nachzudenken:

> Wann immer Cotta später an diese Augenblicke seiner Besinnungslosigkeit zurückdachte, fror ihn vor Scham. Aber es war nicht Echos Schreien oder die Heftigkeit gewesen, mit der sie sich seiner erwehrte, die ihn aus seinem Wahn in die Wirklichkeit jener Nacht zurückgestoßen und seine Lust in tiefste Beschämung verwandelt hatte, sondern ein plötzliches Gefühl des Ekels [!] (LW: 122)

Zudem werden Cotta und Echo erst nach dieser misslungenen Nacht zu einem Paar, obwohl sie kein sexuelles Verhältnis mehr haben (vgl. 124). Demzufolge kommt der Veränderung der Wirklichkeitswahrnehmung Cottas durch Grenzerfahrungen in *Die letzte Welt* eine positive Bedeutung zu, da sich das Subjekt erst hierdurch für Aspekte öffnet, die es zuvor ausgeblendet hatte. Da der Mensch aufgrund seiner „Inkommensurabilität"[90] nicht „für alle denkbaren Lagen Verhaltensstrategien" entwickelt haben kann, offenbart er sich erst in der Grenzsituation. So erweist sich Cotta erst in der Grenzerfahrung der sexuellen Begierde, auch in Echos Augen als „nicht anders als ein Viehhirt oder Erzkocher der eisernen Stadt [...], als irgendeiner ihrer Liebhaber, die sich aus der Alltäglichkeit zu ihr flüchteten, um im Schutz der Nacht zu verwildern" (LW: 122). Je stärker die Grenzerfahrung ist, desto ähnlicher scheinen die Reaktionen der Menschen zu sein.

Dekonstruiert wird somit nicht nur die Vorstellung einer einheitlichen Wirklichkeit, sondern auch die Vorstellung einer anthropologischen Konstante. Von Nietzsches „Dekonstruktion des Subjekts" ausgehend spricht Schmidt hierbei von einer „Schizo-phrenie"[91], da sich das Subjekt *vor* und das Subjekt *in* der Grenzerfahrung unterschei-den. Darstellungsform dieser ‚Schizophrenie' sei das Groteske.[92] Im Metzler Literatur Lexikon wird das Groteske[93] als eine Schreibweise definiert, die „Lustiges mit Grausi-gem verbindet" und „demonstrativ und sinnzerstörend die Grenzen zwischen Komik und Tragik, Menschlichem und Animalischem"[94] vermischt. Die „Metamorphose und die Phantastik"[95] werden hierbei zu den Darstellungstechniken gezählt. Charakteristisch für das Groteske wäre in *Die letzte Welt* somit zum Beispiel die Karnevalsszene. Als „tragisch" kann hierbei die Liebszene zwischen Procne und Thies charakterisiert werden. Die von ihrem Mann misshandelte „feiste, kränkelnde" (LW: 71) Procne und Thies der Deutsche, der „von seinem Heimweh nach den Wäldern Frieslands geplagte Verlobte Proserpinas" (LW: 71) umklammerten sich wie Ertrinkende (ebd.). Bezeich-nend für die „Komik"[96] in dieser Szene ist, dass die Einwohner Tomis Cotta „unter Schreien und Gelächter aus einer Feldflasche Schnaps" (LW: 74) einflößen. Aufgrund der Karnevalskostüme kommt auch das „Animalische"[97] zum Ausdruck. So ist zum Beispiel die Rede von einer „mit Fellen und Ochsenhörnern kostümierten Horde von Betrunkenen" (LW: 73). In dieser grotesken Karnevalsszene ist Cotta betrunken (LW: 73), befindet sich also in einer Grenzerfahrung und fühlt sich nun unter den Tomitanern

---

[90] Ebd.
[91] Ebd.:343.
[92] Vgl. ebd.
[93] Burdorf 2010:297.
[94] Ebd.
[95] Ebd.
[96] Ebd.
[97] Ebd.

als „einer von ihnen" (LW: 74). Wie zuvor in der ‚Liebesnacht' mit Echo ist es wiederum die Grenzerfahrung, die Cotta anders reagieren lässt als üblich und ihn somit wiederum in einer zuvor als „Schizophrenie"[98] umschriebenen Situation, den anderen ähnlicher macht (LW: 122).[99] Hiermit wäre also bewiesen, dass die These Schmidts vom Grotesken als Darstellungsform der schizophrenieartigen Inkommensurabilität des Subjekts auch auf Ransmayrs *Die letzte Welt* zutrifft, da Cotta erst in Grenzzuständen seinen Möglichkeitsspielraum erkennen kann. Gezeigt wurde außerdem exemplarisch an der Karnevalsszene, dass die von Cotta empfundene Dissonanz zwischen Imagination und Wirklichkeit durch das Groteske im surrealistischen Gestaltungsmodus aufgelöst wird.

3.1.1. Dekomposition von Zeit, Raum und Handlung

Die Auflösung der Wirklichkeit Cottas wird in *Die letzte Welt* nicht nur thematisiert, sondern auch „literarisch exemplifiziert"[100]. Durch die Dekomposition von Zeit, Raum und Handlung geschieht in Tomi das Unmögliche. Obwohl Cotta die imperiale Wirklichkeit Roms als „unbezweifelbar" (LW: 190) charakterisiert, tragen gerade die „Unbegreiflichkeiten der eisernen Stadt [Tomi]" (ebd.) dazu bei, dass er in ihr das Gefühl hat „mit seinen Schultern, seinem Rücken, seinem ganzen Körper am Gewölbe eines ungeheuren Raumes zu haften [...] und so nicht mehr zu den Sternen *empor*, sondern hinab in eine grandiose, von Milliarden Funken durchschwebte Tiefe" (ebd.) zu blicken. Der Römer Cotta würde vor seiner Reise nach Tomi so eine Raumvorstellung als irrational einstufen. Dennoch wird sie in Tomi erlebbar für ihn. Somit wird im Sinne der Postmoderne gezeigt, dass Wirklichkeit auch außerhalb der von der Ratio wahrnehmbaren Grenzen besteht und vom Subjekt erst konstruiert wird.

Nicht nur herkömmliche Raumvorstellungen werden entstellt, sondern auch Vorstellungen von Zeit. Zu erkennen ist dies an Cottas subjektivem Zeitempfinden: „Jetzt wurde die Zeit langsamer, stand still, fiel zurück in die Vergangenheit." (LW: 238) Obgleich dies dem rationalen Denken der Moderne widersprechen und daher als

---

[98] Ebd.
[99] Auch Echo meint Cotta sei „nicht anders als ein Viehhirt" (LW: 122); vgl. Seite 14 der vorliegenden Arbeit.
[100] Epple 1992:97.

unwirklich gelten würde, ist auch dieses Zeitempfinden für Cotta im Roman real und auch für andere Figuren gilt dasselbe. Momente asynchron verlaufender Zeit kommen zum Beispiel auch bei Ovids Ehefrau Cyane vor, die unter der Trennung von ihrem verbannten Ehemann leidet: „Aber je länger ihr [Cyane] die Stunden der Schlaflosigkeit und die Wochen, die Monate des Wartens auf ein Zeichen von Naso wurden, desto schneller lief die Zeit über die leblosen Dinge seines Besitzes hinweg."[101] Zeit ist in der *letzten Welt* somit genauso variabel, wie der Wirklichkeitsbegriff selbst und von der persönlichen Wahrnehmung geprägt.

Auch durch die Auflösung von Naturgesetzten wird Cottas Wirklichkeitsvorstellung dekonstruiert. Ein Maulbeerbaum in Trachila übersteht ein sinnflutartiges Unwetter (vgl. LW: 62), hatte bereits einen zweijährigen Winter überstanden (vgl. LW: 12) und übersteht auch später eine Steinlawine (vgl. LW: 192).[102] Außerdem entsteht zum Beispiel innerhalb weniger Tage der Olymp (LW: 232).[103] Herkömmliche Wirklichkeitsvorstellungen werden zudem durch ungewöhnliche klimatische Veränderungen dekonstruiert. Die Bewohner Tomis reagieren im Gegensatz zu Cotta auf solche Phänomene mit Desinteresse, da sie bereits an Veränderungen gewohnt sind und diese zu *ihrer* Wahrnehmung von Wirklichkeit dazu gehören. Zum Beispiel ist ihr Entsetzen über das Auftreten von „Spinnen von der Größe einer Menschenfaust" (LW: 163) nur von kurzer Dauer, denn „Tomi, vom raschen Wechsel der Zeiten und von der Hitze erschöpft, begann sich mit den neuen Plagen abzufinden" (LW: 164). Zudem ist die Rede von „Schneelawinen eines plötzlichen Tauwetters" (LW: 210), „Winter [...] ohne Schnee" (LW: 218), „dem Donnern der Steinlawinen" und „Temperaturen einer unbegreiflichen Wetterlage" (LW: 99), die die Bewohner Tomis kaum zu beachten scheinen, da diese zur *ihrer* Realität dazugehören. Dies geht so weit, dass sie ein sinnflutartiges Unwetter, das „an den Fundamenten einer auf die Uferfelsen gesetzten Häuserzeile und an den Verankerungen der Holzstege zu reißen" (LW: 141) beginnt,

---

[101] LW:132.
[102] In Cottas Vergleichen zwischen dem Unbegreiflichen in Tomi und der Vernunft Roms, steht der Maulbeerbaum stets für das Unmögliche (vgl. LW:14). Dass gerade der Maulbeerbaum, Symbol der Weisheit hierfür verwendet wird, deutet darauf hin, dass Weisheit als postmodernes Pendant zur Vernunft der Moderne gesehen werden kann. Sie versucht das Unmögliche nicht zu erklären und sieht tiefer als es der Ratio möglich ist.
[103] Der Olymp als Niederkunft der antiken griechischen Götter ist das Symbol des Mythischen schlechthin. Dass dieser Berg „mächtiger [ist] als alles, was sich jemals über den Spiegel des Schwarzen Meeres erhoben hatte" (LW: 232) und, dass „dieser Berg seinen Schatten auf die Küste der eisernen Stadt" (ebd.) warf, deutet darauf hin, dass auch der ‚Schatten' des Mythischen und Phantastischen über Tomi liegt.

nicht bemerken und Cottas Erzählungen hiervon auch keinen Glauben schenken: „Ein Sturm? Ein Wolkenbruch? Da habe er wohl schlecht geträumt, der Römer." (LW: 143) Wiederum erweist sich Wirklichkeit als Produkt subjektiver Wahrnehmung.

3.2. Verwirrungsstrategien

Dass die eigene Wahrnehmung sich oft als trügerisch erweist, wird dem Leser insbesondere durch Ransmayrs Verwirrungsstrategien[104] vor Augen geführt. Dies erfolgt zum Beispiel durch die Verwendung mehrerer Erzählperspektiven, durch die ein mehrdimensionaler Wirklichkeitsbegriff entsteht. Obwohl meistens das Geschehen aus der Perspektive mehrerer Romangestalten analeptisch in erlebter Rede geschildert wird, dominiert Cottas Sicht, so dass der Leser über dessen Gedanken und Gefühle informiert wird. Durch seine Erinnerungen werden dem Rezipienten die Ereignisse vermittelt, die sich vor seiner Reise nach Tomi, in Rom ereigneten und die zur Verbannung Nasos führten: „Wie die Luftblasen aus der Wassertiefe nach oben torkeln und steigen, so stiegen aus seinem Innern Bilder auf, aus der Vergessenheit." (LW: 42) So ist der Leser oftmals gezwungen Wahrnehmungen Cottas zu glauben, die sich im Nachhinein als falsch erweisen. Auch hierdurch wird dem Rezipienten deutlich, wie sehr Wirklichkeit durch subjektive Wahrnehmung beeinflusst wird. Als Cotta zum Beispiel glaubt im zerstörten Trachila Naso gefunden zu haben, wird er zunächst nicht von einem allwissenden Erzähler korrigiert: „Neben dem Alten aber, dem Silberlicht der Halden entzogen, gestützt auf einen Steinkegel wie auf ein Lesepult und einen Arm zur nachlässigen Geste erhoben, stand Naso, der Dichter Roms." (LW: 194) Erst später erweist sich, dass Cotta jedoch allein ist. (LW: 195) Dieses personale Erzählverhalten wird aber auch oft von auktorialen Eingriffen eines außenstehenden allwissenden Erzählers ergänzt, durch dessen Kommentare der Leser die Informationen erfährt, zu denen Cotta keinen Zugang besitzt. Dieser hält sich jedoch bei der Kommentierung des Geschehens vorwiegend zurück, verrät, entsprechend der Verwirrungsstrategien des Romans, nicht alles und „wird weder als Sinnstifter noch Erklärer tätig"[105], da er sich zumeist nur zu Details äußert oder im Voraus Hinweise auf entscheidende Geschehnisse gibt. (Vgl. LW: 171)

---

[104] Epple 1992:76
[105] Ebd.

Die eigentliche Pointe der Handlung in *Die letzte Welt* ist die Tatsache, dass die *Metamorphosen*, nach denen Cotta sucht, letztendlich zu seiner Wirklichkeit werden. Obwohl die ‚Cotta-Ebene'[106] des Textes bis kurz vor dem Romanschluss als „eigentliche Handlungsebene durchgehalten wird"[107], wird auch die „Palimpsest-Struktur"[108] zwischen der Handlungsebene und den immer mehr durchscheinenden Metamorphosen allmählich aufgedeckt. Darauf hingewiesen wird bereits durch die Mehrdeutigkeit in der Sprachwahl Ransmayrs. Hierzu trägt die mehrfache Verwendung von indirekter Rede im Konjunktiv bei, durch die der Wahrheitsgehalt der Aussagen in der Handlungsebene[109] fragwürdig scheint. Auch durch Verben, wie „scheinen" (LW: 7, 13, 15, 23, 24)[110], „erscheinen" (LW: 18, 38, 104, 128, 172, 174, 176, 208, 228)[111], „gleichen" (LW: 31, 196, 209) und „ahnen" (LW: 16, 24, 28, 152, 109, 168) entsteht eine gewisse Distanz zum Gesagten. Auch Adverbien wie „scheinbar" (LW: 46, 49, 53, 93, 126, 161, 207) und „vielleicht" (LW: 6, 14)[112] tragen hierzu bei. Ähnlich sieht es mit irrealen Vergleichssätzen aus: „Bilder, die im Torkeln und Aufsteigen eine Schärfe annahmen, als habe es erst der Kälte dieses Gebirges, der Ruinen von Trachila und der Gegenwart eines verrückten Alten bedurft, um sich an sie zu erinnern." (LW: 34)

Steht Rom in diesem Werk für die Annahme, es gebe nur *eine* auf Vernunft basierende Wirklichkeit, so ist Tomi somit die Stadt, in der das Phantastische zur Realität wird. Tomi ist die Stadt der pluralen Wirklichkeitskonzepte und dies wird, wie hier gezeigt wurde, auch sprachlich verdeutlicht. Doch die Differenz zwischen Rom und Tomi betrifft nicht nur den allmählich verschwimmenden Gegensatz zwischen Realität und Fiktion, sondern auch die mit Rom verbundene Vernunft, die sich im Logos - Begriff manifestiert, im Kontrast zum Mythos in der Stadt Tomi.

---

[106] Epple 1992:79.
[107] Ebd.
[108] Ebd. Epple bezeichnet das allmähliche in den Vordergrundtreten der *Metamorphosen* in die *Letzte Welt* als Palimpsest-Struktur. Das *Metzler Literatur Lexikon* beschreibt den Palimpsest, als einen „Papyros- oder Pergament-Hs., deren ursprüngliche Schrift abgewischt oder abgeschabt wurde und die daraufhin neu beschrieben wurde". (Metzler Literatur Lexikon: 565) Da ‚unter' dem Text der *letzten Welt* die *Metamorphosen* allmählich zum Vorschein kommen, kann hier im metaphorischen Sinne von einer Palimpsest-Struktur gesprochen werden.
[109] Gemeint ist hiermit die Cotta-Ebene.
[110] In der Präteritum-Form „schien" und „schienen" insgesamt 86 mal im Text vorfindbar.
[111] Auch in der Präteritum-Form „erschien" und „erschienen" insgesamt 58 mal im Text vorfindbar.
[112] Wurde insgesamt 44 mal im Roman verwendet.

3.3. Historie und Uchronie

Das Hinterfragen einer, durch das Subjekt wahrnehmbaren, Realität führt unweigerlich auch zu Auswirkungen auf die Wahrnehmung historischer Realität. Die veränderte Geschichtsauffassung hat demnach auch eine veränderte literarische Geschichtsdarstellung zu Folge. Diese Tatsache ist für die zeitgenössische Literatur gerade umsomehr von Bedeutung, da die sie von einer „Renaissance der Historie"[113] geprägt zu sein scheint. Tatsächlich wird in der Literatur seit den 60er Jahren verstärkt auf geschichtliche Themen zurückgegriffen.[114] Da nun, aus postmoderner Sicht, Geschichte selbst eine Art Literatur ist, kann die Darstellung einer Historie unmöglich das einzige Ziel des postmodernen Romans sein. So wie mit dem postmodernen Roman das Ziel verfolgt wird die Annahme einer einzigen, klar definierbaren Realität zu hinterfragen, so bemüht man sich durch ihn auch den fiktiven Charakter der Historie zu enthüllen. Dies geschieht unter anderem durch kritische Gegengeschichten, die häufig auf unterdrückte Aspekte der Vergangenheit deuten. *Die letzte Welt* weist zwei Hauptcharakteristika dieses neuen Typus des historischen Romans auf, wie sie von McHale beschrieben werden:

> The postmodernist historical novel is revisionist in two senses. First, it revises the content of the historical record, reinterpreting the historical record, often demystifying or debunking the orthodox version of the past. Secondly, it revises, indeed transforms, the conventions and norms of historical fiction itself.[115]

Der Inhalt des Prätextes wird daher durch alternative Geschichtsverläufe umgedeutet und das Schicksal einer historischen Figur an einer entscheidenden Stelle umgeschrieben. Daher sprechen wir hierbei von einer Uchronie, da sie im Vergleich zum Verlauf einer Historie Abweichungen aufweist. Unter Uchronie verstehen wir einen „„Gegenentwurf' bzw. ‚Variante' des realhistorischen Originals [...]. Das historische Original wird in Gestalt des uchronischen Folgetextes (‚Adaption') mit einer potentialhistorischen Variante konfrontiert."[116]Ausgangspunkt einer Uchronie ist somit eine Basisfiktion. In *Die letzte Welt* handelt es sich hierbei um die Annahme Ovid sei vor der Veröffentlichung der *Metamorphosen* verbannt und sein Hauptwerk verbrannt worden. Hierzu äußert sich Ransmayr vor dem Erscheinen seines Romans folgendermaßen:

---

[113] Nünning 1995:1.
[114] Vgl. ebd.
[115] McHale 1987:90.
[116] Rodiek 1997:26.

> Angenommen und vorausgesetzt
> Angenommen, Publius Ovidius Naso wäre noch vor der Veröffentlichung seiner *Metamor-*
> *phosen* an die Schwarzmeerküste verbannt worden, hätte sein Werk mit sich genommen
> und in Rom nichts hinterlassen als Gerüchte über die Virtuosität seiner Erzählkunst. Ange-
> nommen, in jenem aktenkundigen Feuer, das der Verbannte aus Verzweiflung und Wut in
> seiner Schreibstube entfachte, wäre nicht bloß Ersetzbares, sondern auch das Manuskript
> der Verwandlungen verbrannt, und der unglückliche Ovid schließlich irgendwo unter den
> Silberbirken bei Tomi gestorben, ohne das eingeäscherte Buch ein zweites Mal niederge-
> schrieben zu haben... Angenommen also, am Schwarzen Meer wären von einer großen Poe-
> sie nur die Erinnerungen von Küstenbewohnern geblieben, Erinnerungen an einen trauri-
> gen, wirr gewordenen Dichter, an seine Ohnmacht, seine Klagen und Erzählungen.[117]

Bei Ransmayrs Roman handelt es sich folglich um einen „revisionistisch historischen"
Roman, der „Kongruenz, Plausibilität und Anschließbarkeit der Fiktion an die Historio-
graphie zu unterminieren und den Konstruktcharakter von Geschichte und Text offen
zur Schau zu stellen"[118] vermag. Dies gelingt unter anderem durch die „häufig zu
beobachtenden kontrafaktischen Realitätsreferenzen, de[n] Einbezug von Anachronis-
men, [und] de[m] hohe[n] Grad an Fiktionalisierung von Raum, Zeit, Figuren und
Handlung"[119], auf die im Folgenden noch eingegangen wird. Nünning formuliert:

> Durch das Erzählen von Gegengeschichten thematisiert dieser Typus nicht nur vergessene
> oder unterdrückte Aspekte der Vergangenheit, sondern stellt auch gegenwärtige Verhältnis-
> se, überkommene Traditionen und etablierte Deutungsmuster in Frage.[120]

Tatsächlich ist auch bei Ransmayr der Gegenwartsbezug sehr stark. Der Leser bleibt
darüber im Unklaren, in welcher Epoche die Romanhandlung stattfindet. Einerseits
deuten der zeitgeschichtliche Hintergrund Roms und die Namen Cotta, Publius und
Ovidius Naso auf die Antike hin, andererseits ist die Rede vom augustinischen Rom.
Doch Ransmayr geht bei der Einführung anachronistischer Elemente noch weiter und
scheut sich nicht, sich selbst auf die Gegenwart zu beziehen. Filme, Mikrofone, Telefo-
ne, Zeitungen und weitere Gegenstände der Gegenwart sind in die Handlung eingebettet
worden. (vgl. LW: 56) Dementsprechend hält Naso in Rom eine Rede vor „einem
Strauß Mikrophone" (LW: 195), Cotta schreibt in Tomi, dem Verbannungsort Ovids,
„an der rotzzerfressenen Bushaltestelle den Fahrplan" (LW: 9) ab und aus Cyparissus,
dem Liebling Apollos, des Gottes der Dichtkunst, der Musik, Wahrsagung und Heil-
kunde, wird Cyparis, der Filmvorführer. *Die letzte Welt* ist somit „ein Spiel mit Versatz-
stücken aus der Geschichte und der Dichtung, ein freies, verzwicktes, phantastisches

---

[117] Ransmayr 2001:273.
[118] Stahl 2007:29.
[119] Ebd.
[120] Nünning 1995:272.

Spiel"[121]. So entsteht in diesem Roman ein „bizarres Ineinander"[122] der Zeiten. Die Rede ist von der Klimakatastrophe, der Justiz, der Staatsgewalt und den Asylproblemen unserer Zeit. Mit ihnen durchbricht der Roman den antiken Erzählrahmen. Durch den hierdurch bewirkten Verfremdungseffekt wird der Rezipient von einer Lesart abgebracht, die sich auf einen linearen und schlüssigen Handlungsverlauf konzentriert. Hingegen steht er vor der Herausforderung sein Leseinteresse auf ein zeitunabhängiges Zusammenspiel sich wiederholender Motive, Problemstellungen und Stoffe und somit auf die ‚Substanz' des Erzählten zu richten. Daher meint Ransmayr: „Wäre der Schauplatz meiner Geschichte nicht Rom, sondern Ostberlin, Hauptstadt der DDR gewesen, hätte sich an meiner Beschreibung überhaupt nichts geändert"[123]. Ransmayr selbst gibt an, dass er beabsichtigte ein „Netz zeitlicher Bruchlinien" aufzubauen und dadurch „eine Unzeit, Allzeit zu provozieren, einen narrativen, keinen historischen Raum".[124] Durch den Aufbau einer solchen „Unzeit" und der hiermit verbundenen Zeitverschmelzung wird der herkömmliche Realitätsbegriff in *Die letzte Welt* somit von Beginn an außer Kraft gesetzt.

Obwohl das historisch verbürgte Schicksal Ovids, den Ausgangspunkt des Romans bildet, wird in *Die letzte Welt* nicht versucht ein authentisches Bild des römischen Dichters nachzuzeichnen. Einerseits werden bewusst Fakten seiner Biographie aufgenommen, so dass es zu Übereinstimmungen mit dem historischen Ovid kommt und der Leser den Eindruck erhält das Beschriebene sei authentisch, andererseits sind viele Informationen zum Autor offensichtlich erfunden. Als „revisionistisch historischer Roman"[125] also durchbricht Ransmayrs *Die letzte Welt* „mit der Erzählung kritischer Gegengeschichten oftmals jene konventionellen Beschränkungen bei der Bezugnahme auf geschichtliche Ereignisse, denen die Geschichtsdarstellung im realistischen Roman - und in der Geschichtsschreibung - unterliegt."[126] Deutlich wird dies besonders an der Darstellung der Städte Rom und Tomi. Obwohl sie auf den antiken Städten basieren, weisen sie zugleich Züge verschiedener moderner Gesellschaften auf. Wendelin Schmidt-Dengler meint hierzu,

> dass einerseits ein gutes Teil der politischen und kulturellen Gegebenheiten des antiken Rom intakt ist, andererseits aber die moderne Technik und der moderne Jargon aus den

[121] Hage 1997:93.
[122] Schmidt-Dengler 1997:104.
[123] Hage 1997:210.
[124] Christoph Ransmayr: Geständnisse eines Touristen. Ein Verhör. Frankfurt am Main 2004, S. 93.
[125] Nünning 1995:272.
[126] Stahl 2007:29.

Medien auch als selbstverständlich auftreten. Dadurch entsteht ein bizarres Ineinander, ein historisches Chiaroscuro – wir wissen nicht recht, sind wir in unserer Gegenwart oder sind wir in der Antike. Ransmayr lässt das in einer prekären, wenngleich sehr raffinierten Balance.[127]

Dementsprechend stimmt die Beschreibung Tomis in *Die letzte Welt* nicht mit den historisch überlieferten Fakten überein. Bei Tomi, dem heutigen Constanta, handelte es sich um eine blühende griechische Siedlung am Schwarzen Meer, die 29 v. Chr. von den Römern erobert, in Limes Skythien unbenannt und an das römische Reich angeschlossen wurde.[128] Die in Ransmayrs Roman beschriebenen „endlose[n] Winter" (LW: 216) Tomis stimmen somit nicht im Geringsten mit der historischen Wirklichkeit überein. Bemerkenswert ist jedoch hierbei, dass bereits die Niederschriften Ovids Tomi als eine düstere Stadt festhalten, obwohl der römische Dichter am gesellschaftlichen Leben der griechischen Stadt teil nahm und bei ihren Einwohner großes Ansehen genoss.[129]

Die historische Realität wird nicht nur von Ransmayr einerseits aufgegriffen und zugleich auch entstellt, sondern bereits Ovid ging so vor. Laut Podossinov können drei Gründe dafür angegeben werden. Erstens geht er davon aus, dass Ovid versuchte mit seiner Beschreibung den Erwartungen seines römischen Publikums gerecht zu werden und somit Tomi, als den barbarischen Ort am Ende der Welt darstellte, von dem man in Rom auch ausging: „Die Klagen über das kalte Klima und die Unfruchtbarkeit des Bodens [sind] auf eine Leserschaft berechnet [...], die mit solchen Stereotypen aufgewachsen war."[130] Zweitens meint Podossinov, dass Ovid "sorgfältig diejenigen Einzelzüge aus[sucht], die ihm für die Schaffung des dichterischen Bildes wichtig erscheinen und aus ihnen formt - indem er schöpferisch kombiniert [...], 'was wahrscheinlich und möglich gewesen wäre' - sein fiktives künstlerisches System."[131] Drittens versucht Ovid natürlich mit seinen Briefen seine römischen Freunde zu beeinflussen, so dass diese sich bei Augustus für seine Rückkehr aus dem Exil einsetzen. Durch „Ovids Sehnsucht nach Rom und der abqualifizierenden Beschreibung des barbarischen Lebens von Tomi"[132] wird das Reale bereits in seinen Briefen entstellt. Durch die Auflösung der Referenz-

---

[127] Schmidt-Dengler 1997:104.
[128] Ebd.
[129] Vgl. Vergleiche Alexander Podossinov. *Ovids Dichtung als Quelle für die Geschichte des Schwarzmeergebietes.*
[130] Podossinov 1987:25.
[131] Ebd.:88.
[132] Epple 1992:85.

ebene gibt es somit keine Realität mehr auf die der verweisen könnte.[133] Dadurch, dass die Referenzebene Tomis bereits in Ovids Briefen entstellt wird, gibt es somit keine Realität mehr auf die Ransmayr verweisen könnte. Hingegen bildet wiederum ein anderer Text die Referenzebene des anderen. Und so setzt sich „dieses Spiel ins Unendliche fort"[134]. Dies entspricht einer zentralen These postmodernen Denkens, die

> besagt, daß in unserer Gesellschaft die Zeichen nicht mehr auf ein Bezeichnetes verweisen, sondern immer nur auf andere Zeichen, daß wir mit unserer Rede so etwas wie Bedeutung gar nicht mehr treffen, sondern uns nur in einer endlosen Signifikantenkette bewegen.[135]

Dass die eigene Wahrnehmung sich oft als trügerisch erweist, zeigt sich insbesondere durch Ransmayrs Spiel mit den Erwartungen des Lesers. Geschickt werden hierbei Ausschnitte historischer und aktueller Realität mit fiktiven Vorgängen kombiniert, so dass sich der Rezipient infolge der zahlreichen auf historische Geschehen verweisenden Informationen des Romans auf eine fiktive Wirklichkeit einstellt, die ihrem Referenzrahmen entsprechen würde. Hierauf deutet auch Ransmayrs später publizierter *Entwurf zu einem Roman* hin, in dem folgende Inhaltscharakterisierung vorzufinden ist: „Thema [des Romans] ist das Verschwinden und Rekonstruieren von Literatur, von Poesie; sein Stoff sind die Metamorphosen des Publius Ovidius Naso."[136] Obwohl an vielen Stellen des Romans auf realhistorische Ereignisse zurückgegriffen wird, werden die anfangs geweckten Erwartungen des Rezipienten mit dem Werk *Die letzte Welt* einen geschichtsnahen Roman zu lesen, jedoch bewusst nicht erfüllt. Hingegen geht Ransmayr von einem Wahrscheinlichkeitsprinzip[137] aus, zu dem sich der Schriftsteller kurz vor dem Erscheinen der letzten Welt äußert: Da eine Uchronie nur dann als solche wirken kann, wenn dem Leser der Prätext bekannt ist, kommt dem ovidischen Repertoire, das dem Roman angehängt wurde, eine besondere Bedeutung zu. Dem Wiedererkennungseffekt dienen die vielen Gegenwartsbezüge sowie Bezüge auf Geschehnisse des kollektiven Gedächtnisses, wie zum Beispiel dem Dritten Reich. Außerdem werden die Konventionen und Normen[138] der Historie in der Uchronie verändert. Zum Beispiel wird der chronologische Aufbau der Historie in der Uchronie durch Analepsen dekonstruiert und somit der Eindruck selbst Geschichte sei Fiktion verstärkt.

---

[133] Ebd.:96.
[134] Ebd.
[135] Peter Bürger 1988:295.
[136] Ransmayr 2000:196.
[137] Sanda 2006:11.
[138] Vgl. McHale 1987:90.

4. Fokus Mythos: Gegentendenz Logos

Wie bereits im dritten Kapitel gezeigt wurde, basieren die philosophischen Grundüberlegungen der Moderne auf der Annahme, dass es nur *eine* Erklärung der Wirklichkeit und nur *eine* Deutung ihrer Ereignisse gibt. Dieser Anspruch der Vernunft auf *eine* allgemeingültige Wahrheit wird von der Postmoderne negiert. Dementsprechend kommt der Vernunft im Roman *Die letzte Welt* auch keine konfliktlösende und schon gar keine sinngebende Funktion zu. Hingegen ist sie stets negativ konnotiert. Zu erkennen ist dies daran, dass Vernunft in Ransmayrs Roman stets mit der „Ordnung, Bürokratie und Herrschaft"[139] Roms, dem „Reich [...] der Vernunft" (LW:233), in Verbindung steht. Vernunft ist bei Ransmayr eng definiert und wird von Epple, wie folgt zusammengefasst:

> Es ist eine rein instrumentelle Vernunft, die ohne alle kritische oder reflektierende Kraft der Organisation und Durchsetzung von Herrschaft dient. ‚Vernunft' wird einseitig rationalistisch verstanden, und daher läßt sie sich in Gegensatz zu Mythen, Phantasie oder Imagination setzen.[140]

Tatsächlich erweist sich die Vernunft als Instrument der Erkenntnis untauglich, da in Rom gerade durch den auf Vernunft besonnenen Überwachungsstaat Gewalt an Menschen ausgeübt wird. Ein Beispiel hierfür wäre die willkürliche Verbannung Nasos, auf die bereits eingegangen wurde. Hinzukommt, dass gerade, dadurch dass Cotta versucht das Unerklärliche in Tomi durch seine Vernunft zu verstehen, es ihm schwer fällt, das Erlebte zu verarbeiten.

„Ransmayrs Roman entwickelt sich in Bezug auf das Verhältnis von Vernunft und Aufklärung in die entgegengesetzte Richtung von Ovids *Metamorphosen*"[141], da diese mit einer Rede des Pythagoras enden, in der er die beschriebenen Verwandlungsgeschichten rational erklärt und als naturwissenschaftliches Prinzip darstellt. Ransmayrs Roman bietet jedoch keine logische Erklärung des phantastischen Geschehens. Dementsprechend beschreibt Ransmayr auch in seinem *Entwurf zu einem Roman* die *Metamorphosen* Ovids folgendermaßen: „GROB GESPROCHEN führen die fünfzehn Bücher

---

[139] Epple 1992:47.
[140] Ebd.:42.
[141] Epple 1992:48.

der Metamorphosen den Leser vom Mythos zur Aufklärung."[142] In *Die letzte Welt* hingegen ist Pythagoras, der griechische Philosoph und Mathematiker, nicht mehr als ein verrückter Greis und Knecht des Dichters Naso. Somit wird also das Rationale, für das die reale Person Pythagoras stand, im fiktiven Pythagoras der *letzten Welt* dekonstruiert und dem Phantastischen, das mit dem Dichter verbunden ist, untergeordnet.

4.1. Vernunftkritik

Der Mythos weist keine narrative Struktur auf und erzählt „bestimmte wiederholbare Ereignisse, die außerhalb von Raum und Zeit liegen und [...] an bestimmten Knotenpunkten der menschlichen Existenz"[143] ansetzen. Erzählte Geschichten von Göttern und Halbgöttern werden von Generation zu Generation vermittelt und dabei stets angereichert.[144] In Anbetracht der Wortgeschichte wird deutlich, dass sowohl der Mythos, als auch dessen Widerpart ‚Logos' ursprünglich für ‚Wort' standen. Unter Logos verstand man hierbei bis zur Zeit des Sophokles das „sinnerfüllte Wort, die vernünftige Rede"[145], der Mythos hingegen stand für „das gesprochene Wort"[146] und „wird späterhin zur ‚lächerlichen Erzählung', ‚Sage', ‚Dichtung' und ‚Fabel', zum Märchen".[147]

Der Vernunft kommen im modernen Sinne somit zwei Funktionen zu. Erstens ist sie das Instrument mit dem die Wirklichkeit eingeordnet wird und zweitens verkörpert sie „die Voraussetzung des gemeinschaftlichen Lebens, der Kommunikation."[148] In *Die letzte Welt* jedoch scheitert die Vernunft bezüglich beider Funktionen. Erstens muss Cotta schließlich erkennen, dass er in eine „Zwischenwelt geraten war, in der die Gesetze der Logik keine Gültigkeit mehr zu haben schienen, in der aber auch kein anderes Gesetz erkennbar wurde, das ihn hielt und vor dem Verrücktwerden schützen konnte" (LW: 220). Vernunft hilft Cotta somit bei der Verarbeitung der Geschehnisse in Tomi nicht. Zweitens ist es gerade die Vernunft, die Cotta in seiner Kommunikation zu den Tomitanern behindert. In Grenzsituationen, wie der Karnevalsszene hingegen, in denen er sich von seiner Ratio befreit, kommt Cotta den Bewohnern Tomis näher. (Vgl. LW: 73)

---

[142] Ransmayr 2000:196-198.
[143] Jamme 2010:Sp. 1681.
[144] Vgl. ebd.
[145] Ebd.
[146] Ebd.
[147] Mader 1991:270f.
[148] Ebd.:272.

Gerade mit Echo, die zunächst nicht mit ihm spricht, sondern nur im Stande zu sein scheint, das Gehörte echoartig zu wiederholen, „empfand Cotta durch alle Wiederholungen und Belanglosigkeiten einen osmotischen Austausch wirrer Gefühle, ein sprachloses, rätselhaftes Einverständnis." (LW: 94) Auch später kommunizieren die beiden vorwiegend durch Echos mythische Erzählungen aus dem „Buch der Steine" (LW: 126), als die sie Nasos Geschichten interpretiert. Das Bildliche, das Metaphorische und das Allegorische, die allesamt im Mythos ihren Ausdruck finden, ermöglichen somit eine viel tiefgehendere Kommunikation zwischen den beiden, als es eine auf Vernunft bedachte Sprache tun würde. Ein Beispiel hierfür ist die Vergewaltigung Echos. Hierbei handelt es sich um eine Tat der Grausamkeit und der „Besinnungslosigkeit" (LW: 122), die mit Cottas römischer Vernunft eigentlich nicht zu vereinbaren ist. Daher ist Echo auch enttäuscht, dass „auch dieser Römer nur einer von vielen und roh wie die meisten" (LW: 122) ist. Cottas Versuch Echo durch vernünftige Worte zu trösten und ihr „seine Einsamkeit in der eisernen Stadt" (vgl. LW: 123) zu erklären, können sie den Akt der Gewalt nicht vergessen machen.

„Die Logik (L.) – von griech. *logos*, ‚Gedanke', ‚Vernunft', ‚Wort', ‚Rede', ‚Sprache' ist die Lehre von den Voraussetzungen, Formen und Kriterien korrekten Schließens […] und Argumentieren[s]."[149] Doch was verbirgt sich hinter diesem Logos und hinter der auf Vernunft basierenden Rede? Welche ist ihre Funktion und welcher ihr Ursprung? Erzählen, Argumentieren und Reden ist für Cotta besonders dann von Bedeutung, wenn er versucht, die Furcht vor der Tatsache zu überwinden, dass er „die Bedingungen seines Daseins nicht selbst in der Hand hat."[150]

Eine weitere Situation weist deutlich auf die Funktion der Rede, als Mittel gegen die Furcht vor dem Unbekannten hin. Cotta erzählt Pythagoras von sich und begreift schließlich, dass:

> er erzählte, um diesem wüsten Gerede aus dem Dunkel die Ordnung und die Vernunft einer vertrauten Welt entgegenzusetzen: Rom gegen die Unmöglichkeit eines Maulbeerbaumes im Schnee vor dem Fenster; Rom gegen die in der Einöde hockenden Steinmale, gegen die Verlassenheit von Trachila. (LW: 14)

Rom wird in diesem Roman als Sinnbild der Vernunft dargestellt und scheint geprägt von „Pflichtbewußtsein […] Gehorsam und Verfassungstreue." (LW: 76) Dennoch

---

[149] Stelzner 2010:Sp. 1430.
[150] Büscher 2010:28.

existieren die Mythen Roms, wie an der Fastnachtsszene zu erkennen ist, in Tomi weiter: „Gewiß, dieser Narrenzug konnte nur ein stumpfer Abglanz jener Mythen sein, in denen sich die Phantasie Roms ausgetobt und erschöpft hatte." (LW: 76) Aber auch in Rom selbst besteht der Mythos fort, symbolisiert durch das Nashorn des Imperators (Vgl. LW: 77) und auch im Gestaltungsbereich des Romans ‚erliegt' die Vernunft schließlich dem Phantastischen. Somit ‚erliegt' auch das schriftliche Wort, der Logos, dem Mythos. Dies geschieht durch die Bebilderung der Kapitelanfänge, die eine Vorschau auf den Fortgang des Romans bieten, denn die Verdeckung der römischen Ziffern ist der „thematisierten Zerstörung der Schrift in der Romanhandlung verdächtig ähnlich."[151]

4.2. Verfall und Untergang

Durch den Verfall einer auf Vernunft basierenden, von Menschen geformten Zivilisation wird explizite Vernunftkritik betrieben. Bereits der Titel des Romans deutet darauf hin, dass in *Die letzte Welt* Verfall und Untergang der Menschheit thematisiert werden: Menschen verwandeln sich in Tiere, Pflanzen und Steine, dabei bemächtigt sich die Natur allmählich immer mehr der Zivilisation Tomis und so läuft Ransmayrs apokalyptisches Szenario in eine posthistorische Zeit hinein: „Erzählen Ovids Metamorphosen vom Beginn der Welt bis zur Zeit des Augustus, so besorgt Ransmayrs *Letzte Welt* die Schilderung von der Epoche des Augustus bis an das Weltende."[152] In Tomi, wo es keine staatliche Organisation gibt, die einen Vorstoß der Natur hätte verhindern können, wird aus einer Kulturlandschaft wieder Naturraum: „Von den neunzig Häusern der Stadt standen damals schon viele leer; sie verfielen und verschwanden unter Kletterpflanzen und Moos. Ganze Häuserzeilen schienen allmählich wieder an das Küstengebirge zurückzufallen." (LW: 7) Die Bewohner Tomis sind sich jedoch ihres Schicksals bewusst, da auch die benachbarte Stadt Limyra unterging, als „eine von den Horizonten der Kupfergruben zerschnittene Bergflanke in sich zusammensank und die nahezu entvölkerte Stadt unter sich begrub" (LW: 187). „Die Erinnerung an das Schicksal dieser Stadt war im Gedächtnis Tomis wachgeblieben und wurde immer noch weitererzählt, weil es hieß, *alle* Grubenstädte würden eines Tages so enden." (LW: 186) Das

---

[151] Ebd.:49.
[152] Schmidt-Dengler 1995.

schrittweise Voranschreiten des Verfalls wird besonders am Haus des Seilers deutlich: „Meter um Meter seines Hauses überließ er der unbeirrbar vorrückenden Natur" (LW: 179) bis das Haus „allmählich wieder ins Dickicht zurücksank" (LW: 203) und Efeu „Außenmauern und verdunkelte Fenster um Fenster" (LW: 203) umfing. Auf einen Rückfall in die Natur weisen auch zwei apokalyptischer Szenarien zur Auflösung des modernen Wirklichkeitsbegriffes hin: die Pest auf der Insel Aegina (vgl. LW: 49f.) und die Geschichte von der Sintflut (vgl. LW: 162-170). Ransmayr warnt jedoch nicht vor dem den Menschen bedrohenden Untergang, sondern sieht in ihm die Logik der Dinge, da er nicht einsehen könne, „was [...] so schrecklich an einer wuchernden, blühenden Wildnis ohne uns"[153] sei. Aus Sicht der Moderne hingegen wäre das katastrophal, da aus ihrer Sicht der Welt erst durch die Interpretation des Menschen ein Sinn zukommt.

In *Die letzte Welt* hingegen ist zum Beispiel die Rede davon, dass die „Zeit der Menschen [im] Regen stillzustehen [schien], die Zeit der Pflanzen [hingegen] zu fliegen." (LW:270) Durch diese Enthierarchisierung des Menschen wird deutlich, dass dieser nicht der alleinige ist, der Zeit und somit auch Wirklichkeit interpretiert. Zeit und Wirklichkeit bestehen auch außerhalb seiner Wahrnehmung fort. Ransmayr geht folglich davon aus, dass „irgendwann [...] diese Welt wieder das sein [wird], was sie die längste Zeit war: eine Welt ohne uns."[154]

Deutlich wird somit, dass das Oszillieren von Zivilisation zu Phantasie und somit auch von Vernunft zu Mythos ein Hauptmotiv des Werkes verkörpert und Tomi hierbei eine Welt zwischen diesen zwei Polen der Moderne und der Postmoderne darstellt. Im Rahmen der Postmoderne wird der Mythos somit zum „Zeichen einer Selbstkritik moderner Philosophie und der sie tragenden Rationalitätskonzepte; diese Kritik mündet zum Teil in eine anarchistische Revolte gegen die Vernunft"[155]. Die Mythisierung erfolgt hierbei in zweifacher Hinsicht: Einerseits synchron durch die surreale Ausweitung des Plots und andererseits diachron, indem auf antike Archetypen aus Ovids *Metamorphosen* zurückgegriffen wird. Auf ersteres wurde bereits in Kapitel 3.1 eingegangen, die Verarbeitung der Mythen aus Ovids Dichtung wird nun im Folgenden behandelt.

---

[153] Just 1988:50.
[154] Ransmayr 2004:129.
[155] Ebd.

4.3.   Metamorphosen

„Nasos Phantasie setzt sich an den Rändern des Imperiums gegen die Macht der römischen Vernunft durch, schafft sich ihre eigene Welt und befreit die Menschen dort durch Verwandlung; dies ist die phantastische ‚Utopie' des Romans."[156] Tatsächlich verwandeln sich Nasos *Metamorphosen* allmählich in die Wirklichkeit Cottas. Hierfür spricht auch die Grundidee der „Erfindung der Wirklichkeit" (LW: 287) durch Publius Ovidius Naso im Roman *Die letzte Welt.* Ceyx und Alcyones Verwandlungen mögen zu Beginn nur filmische Inszenierungen sein (vgl. LW: 22) und Echos Schuppenfleck ist als natürliche Krankheit erklärbar (vgl. LW:81). Dennoch deuten sie bereits auf die Metamorphosen hin.

Cyparis zählt zu den Gestalten der *Metamorphosen*[157], die in der *Letzten Welt* deformiert werden. In Ovids Dichtung tötet Cyparis, der junge Götterliebling, versehentlich einen heiligen Hirsch und wird durch den Apoll mit der Verwandlung in eine Zypresse bestraft. Bei Ransmayr hingegen ist Cyparis ein zwergwüchsiger Schausteller, der mit seinem Planwagen umherzieht und Filme vorführt (vgl. LW: 164). Besonders mit seiner Verfilmung des Ceyx- und Alcyone-Stoffes hat er großen Erfolg. Hierbei fungiert dieser Stoff als 'Buch im Buch'. Doch die Cyparis-Episode behandelt die Verwandlungen nicht nur im Film, sondern setzt sich mit diesen auch auf zwei weiteren Ebenen auseinander: einer phantasmagorischen Verwandlung, von der Cyparis während einer Vorstellung träumt (vgl. LW: 20) und durch ein Gemälde Actaeons auf dem Planwagen (vgl. LW: 19).

Auch die Verwandlung Lycaons, dem Seiler von Tomi, der Cotta „ein unheizbares, mit grellfarbigen Wandteppichen ausgestattetes Zimmer" vermietet, ist zunächst nur zu erahnen und nicht eindeutig. Da Cotta auf die Lycanthropie des Seilers zunächst nur über Indizien schließen kann, die auch mit einer Verkleidung in Verbindung gebracht werden könnten (vgl. LW:69). Zum Beispiel entdeckt Cotta in Lycaons Schrank ein Wolfsfell (vgl. LW: 71) und sieht ihn mit diesem Fell auf dem Rücken im Gebirge:

> Und was dann geschah, drängte Cotta an den Rand der Alpträume von Trachila zurück: Der Seiler stürzte nicht, er fiel nicht, er warf sich aus vollem Lauf auf die Steine und blieb nicht liegen und richtete sich auch nicht wieder auf, sondern rannte, hetzte auf allen vieren weiter, auf allen vieren immer höher und tiefer in die Nacht. (LW: 69)

---

[156] Epple 1992:66.
[157] Vgl. besonders von Iason, Marszras und Ascalaphus.

Doch am folgenden Tag ist Lycaon wieder in Tomi als Seiler tätig und eine eigentliche Verwandlung wird somit nicht beschrieben. Erst als auch andere Figuren bereits verwandelt sind, wird deutlich, dass Lycaon tatsächlich nachts zum Wolf wird:

> In manchen Nächten hörte Cotta, wie Lycaon das Haus verließ, und sah ihn am nächsten Morgen erschöpft, auch zerschunden, über die Geröllhalden zurückkommen. Aber bis zu jenem Tag, an dem ihn die Versteinerung des Fallsüchtigen aus seiner Trägheit riß, hätte Cotta diese nächtlichen Ausflüge als die Marotte eines wunderlich gewordenen Greises abgetan, selbst wenn Lycaon noch einmal im mottenzerfressenen Wolfskostüm aus seinem Tresor ins Gebirge gerannt wäre, ein heulender Faschingsnarr … (LW: 179f.)

Handelt es sich auch hierbei noch lediglich um eine Annahme, steht die Lycanthropie des Seilers spätestens mit der Tatsache fest, dass Cotta einen Wolfskadaver auf einer Wanderung nach Trachila entdeckt und, dass danach das Haus des Seilers leer ist. Mit Battus Verwandlung in Stein (vgl. LW:175f.) und der Transformation Philomelas in einen Vogel (vgl. LW: 233) kommt es dann endgültig zum Einbruch des Phantastischen.

4.4.   Der Wahnsinn als Ausweg aus der Diskrepanz zwischen Mythos und Logos

Die verstandeswidrigen Geschehen in der *letzten Welt* verändern auch Cotta, der diese mit seiner römischen Vernunft nicht einordnen kann. Zur Beschreibung dieser Einstellung wird bewusst die aufklärerische Lichtmetaphorik verwendet. Die Rede ist dabei davon, dass Cotta in Trachila vergebens versucht „Licht zu machen" (LW: 33). Cotta ist so verwirrt, dass er fürchtet den Verstand zu verlieren:

> Aber schließlich begriff Cotta, daß er erzählte, um diesem wüsten Gerede aus dem Dunkel die Ordnung und die Vernunft einer vertrauten Welt entgegenzusetzen: Rom gegen die Unmöglichkeit eines Maulbeerbaumes im Schnee vor dem Fenster; Rom gegen die in der Einöde hockenden Steinmale, gegen die Verlassenheit von Trachila. (LW: 14)

Cottas Verzweiflung treibt ihn soweit mitten in der Nacht aus Trachila zu fliehen: „Er mußte diesen Verrückten [Pythagoras] und Nasos Haus verlassen, bevor ihn diese furchtbare Einöde und der Verfall von Trachila auch am Tag verwirrten, umfingen und nicht mehr losließen." (LW: 67) Außerdem führen seine Verwandlungsträume aus Trachila dazu, dass er in Tomi einen schweren Fieberanfall durchstehen muss (vgl. LW: 80).

Cottas Begegnungen mit Echo hingegen stabilisieren Cottas psychischen Zustand zumeist, da sie in ihm Erinnerungen an Rom weckt (vgl. LW: 94) und die Rede davon ist, dass „allein diese Geste, Echos Bereitschaft, ihn zu halten, [...] dem Taumelnden seine Sicherheit wieder[gab]" (LW: 93). Zudem erhofft er sich durch ihre Erzählungen die *Metamorphosen* Ovids rekonstruieren zu können. Bereits hieran ist zu erkennen, dass, wenn Cotta sich seinem Ziel Naso und dessen Werk zu finden näher glaubt, auch sein Geisteszustand außer Gefahr scheint. Hingegen ist seine ‚römische Ratio' besonders dann gefährdet, wenn sein Ziel, Naso und dessen Werk zu finden, unerreichbar wirkt. Verständlich ist daher auch, dass nach Echos Verschwinden Cottas Vernunft entgleist, da so die Rekonstruktion der *Metamorphosen* weiterhin erschwert wird. Daher erscheint ihm Rom auch „so fern, als wäre es nie gewesen und *Metamorphoses* – ein fremdes, sinnloses Wort" (LW: 155). Allmählich gibt Cotta sowohl den Versuch einer Rekonstruktion der Dichtung Nasos als auch einer Erklärung des Phantastischen auf und versinkt immer tiefer in Gleichgültigkeit. Es ist die Versteinerung des Battus, die Cotta aus seinem Desinteresse herausreißt, da er dies als Drohung sieht. Die Verwandlung des Battus wird von Cotta als Zeichen dafür gesehen, dass die „Grenze zwischen Wirklichkeit und Traum vielleicht für immer verloren war" (LW: 181). Somit glaubt Cotta er müsse Naso finden, da nur dieser ihn „vor der Verrücktheit bewahren und aus seiner Verwirrung in die festgefügte Klarheit der römischen Vernunft zurückführen" (LW: 183) könne. Tatsächlich sieht Cotta anschließend in Trachila, das was er sehen will: Naso und Pythagoras. Erst als er erkennt, dass seine Wahrnehmung trügerisch war, verliert er buchstäblich seine Vernunft. Somit zeigt sich, dass der Versuch des Menschen seine Umwelt durch rationale Überlegungen zu deuten, durch dessen Bedürfnis nach Sicherheit motiviert ist. Wenn dieser weiß, was um ihn geschieht und warum es geschieht, glaubt er auch über das Geschehene bestimmen zu können und schützt sich somit vor dem Unvorhersehbaren. Durch den Einbruch den Phantastischen in Trachila und Tomi wird Cotta aber deutlich, dass es immer etwas gibt, was er nicht zuvor wissen kann und auch nicht erklären kann. Schließlich löst sich Cotta somit von der römischen Ratio und ist imstande das Phantastische in Tomi zu akzeptieren, ohne es erklären zu müssen:

> Der quälende Widerspruch zwischen der Vernunft Roms und den unbegreiflichen Tatsachen des Schwarzen Meeres verfiel. Die Zeiten streiften ihre Namen ab, gingen ineinander über, durchdrangen einander. Nun konnte der fallsüchtige Sohn einer Krämerin versteinern und als rohe Skulptur zwischen Krautfässern stehen, konnten Menschen zu Bestien werden oder zu Kalk und eine tropische Flora im Eis aufblühen und wieder vergehen … (LW: 197)

Durch den „Einsturz von Cottas Welt" (LW: 222) wird dieser schließlich „unsinnig heiter" (LW: 232) und wird selbst von den Einwohnern Tomis für verrückt gehalten. Im Gegensatz zur römischen Ansicht ist dies jedoch aus tomitanischer Sicht nicht verwerflich, da somit für Cotta hierin die ihn quälende Dissonanz zwischen Fiktion und Wirklichkeit aufgelöst wird. Cotta ist aus tomitanischer Sicht nicht ver-rückt, sondern vor-ge-rückt. Er vergisst sogar allmählich Rom (vgl. LW: 222), den Symbolraum der Rationalität. Dekonstruiert wird aber in diesem Roman nicht nur die Vorstellung einer intersubjektiven Realität (Kapitel 3) und das Vernunftprinzip auf dem diese sich stützt, sondern auch das Subjekt selbst. Habermas meint hierzu folgendes:

> Erst wenn die Kategorien des verständigen Tuns und Denkens eingestürzt, die Normen des täglichen Lebens zerbrochen, die Illusionen der eingeübten Normalität zerfallen sind – erst dann öffnet sich die Welt des Unvorhergesehenen und schlechthin Überraschenden.[158]

Mit diesem Resümee zur Selbstvergessenheit könnte man auch Cottas letztendlichen Zustand beschreiben: sein rationales Denken ist eingestürzt, seine von Rom geprägte Vorstellung von Normalität zerfällt und die Welt des unvorhersehbaren Phantastischen ist nun auch Cottas Welt.

Hat Cotta also sein anfängliches Ziel der Auffindung der *Metamorphosen* verfehlt? Epple negiert dies: „Am Ende jedoch - und erst in dem Moment erreicht [er], auf ganz andere Art, als geplant, sein Ziel - [und es] kehrt sich die Relation um."[159] Cotta erhält Zugang zu Nasos Dichtung, jedoch nicht über seine Ratio, sondern über seine Phantasie. Hiermit erkennt er auch „Nasos Weg" (LW: 233), sucht nicht mehr nach dem Buch der Metamorphosen, sondern lebt selbst in ihm und konstruiert von diesem ausgehend ein neues, so wie Echo mit dem „Buch der Steine" (LW: 126) und Arachne mit dem „Buch der Vögel" (LW: 162) zuvor. Grundlage hierfür bildet folgende Erkenntnis Cottas:

> Bücher verschimmelten, verbrannten, zerfielen zu Asche und Staub; Steinmale kippten als formloser Schutt in die Halden zurück, und selbst in Basalt gemeißelte Zeichen verschwanden unter der Geduld von Schnecken. Die Erfindung der Wirklichkeit bedurfte keiner Aufzeichnungen mehr. (LW: 234)

---

[158] Ebd.
[159] Epple 1992:34.

Die hier zugrunde liegende Definition von Literatur weist auf ein weiteres postmodernes Charakteristikum hin. Hierbei handelt es sich um die Textautonomie, auf die im folgenden Kapitel eingegangen wird.

5. Fokus Textautonomie: Gegentendenz zum Diktum der Autorinstanz

5.1.   Der ‚Tod des Autors' und die kollektive Autorschaft

In einem Entwurf zu *Die letzte Welt* gibt Ransmayr das „Verschwinden und [die] Rekonstruktion von Literatur"[160] als Thema des Romans an und weist somit auf die postmoderne Grundlage des Werkes hin: der Dekonstruktion der einheitlichen Schrift und der Rekonstruktion mythischer Stoffe durch eine kollektive Autorschaft.

Die mythischen Stoffe folgen weder „dem Diktum der Autorinstanz noch einer wohlge-ordneten Konzeption"[161] und stellen somit eine Alternative zum ‚vernünftigen', durch-dachten, schriftlichen Wort dar. Hierbei ist die mündliche Tradierung von besonderer Bedeutung, da diese nicht eine statische und sich unveränderbare Niederschrift zu Folge hat. In der „Oral Poetry"[162] ist der Wandel des Erzählten gegeben und auch diese Tatsache weist auf die Textautonomie und den ‚Tod des Autors' im Sinne der Postmo-derne hin.[163] Anstelle der Autor-Autorität tritt nun das Konzept einer kollektiven Autorschaft, durch deren Miteinander mythische Geschichten entstehen, sich gegensei-tig beeinflussen und schließlich zu neuen Konstellationen kristallisieren.

Zentraler Ort dieses Prozesses bildet in *Die letzte Welt* der Krämerladen Famas, ein Ort, an dem es nicht nur zum Austausch von Handelswaren kommt, sondern auch von Geschichten, Gerüchten und mythischen Geschichten. Auch hier stellt die Entstehung von Mythen einen kollektiven, dynamischen Prozess dar, der der Verbreitung eines Gerüchtes gleicht. Da Famas Laden also ein Ort des Erzählens ist, lässt sich auch die Parallele zu Ovids *Metamorphosen* herstellen, bei dem Fama die Göttin des Gerüchtes ist. (Vgl. LW: 248) Als zum Beispiel die Rede von der Herkunft Echos ist, ist Famas Laden Anlaufstelle der verschiedenen Gerüchte: „Aber in Famas Laden waren im Verlauf des Sommers und dank der Unzugänglichkeit und Schroffheit der Weberin auch andere Versionen gepflegt worden." (LW: 82)

Die Tomitaner sind aber nicht nur Vermittler von Gerüchten, sondern auch Träger der mythischen Geschichten. Durch sie bestehen selbst Nasos Geschichten fort, sind jedoch nicht mehr als die Seinigen identifizierbar. Deutlich wird dies zum Beispiel an

---

[160] Ransmayr 2000:122.
[161] Büscher 2010:3.
[162] Epple 2000:22.
[163] Ebd.

einer Fastnacht in Tomi, bei der die Tomitaner, die ohnehin schon Ovids *Metamorpho-sen* entstammen, nun nochmals als mythische Gestalten maskiert werden. Dies sieht Cotta als einen Beweis dafür, dass:

> Naso die Gestalten seiner Poesie mit sich in die Verbannung genommen hatte und am Ort seines Unglücks nicht verstummt war, sondern seine Geschichten weitererzählte. Wie sonst käme der Schlachter eines verlorenen Kaffs zu der Vorstellung, sich zur Fastnacht in einen Sonnengott zu verwandeln, seine Ochsen in Feuerpferde? (LW: 77)

Demnach besteht Nasos Geschichte, auch ohne die Überlieferung durch materielle Speichermedien fort. Das Erzählen ist somit hier, wie „in primär oral organisierten Kulturen [üblich,] partizipatorisch, an Situationskontexte gebunden, performativ [und] ereignisorientiert".[164] Die mythischen Geschichten werden, wie an der Fastnachtsszene zu sehen ist, an die Situation der Feier angepasst und an dieser Stelle selbst ausgelebt.

Dennoch sollte auch berücksichtigt werden, dass es keiner Wiedergabe der Mythen durch Naso bedürft hätte, um zum Beispiel auf die Vorstellung eines Sonnengottes zu kommen. Es ist die Natur selbst, es sind die „Knotenpunkte der menschlichen Existenz"[165], die die Initiatoren solcher Mythen sind. Dies wiederum spricht für die Autonomie des Textes und sein vom ‚Scripteur'[166] unabhängiges Fortbestehen und seinen immerwährenden Wandel.

5.2.   Die Diversifikation der materiellen Datenträger

Auf den ‚Tod des Autors' wird jedoch nicht nur durch die kollektive Autorschaft der Mythen hingewiesen. Auch durch die Vielfalt, der im Roman erwähnten Datenträger wird, Pluralität im Mythos geschaffen, denn genau so wie die Autorschaft eines Mythos unbegrenzt ist, sind es auch seine Datenträger. Bei Cyparis werden die Mythen von „*Hector, Hercules* und *Orpheus*" (LW: 86) durch Filmvorführungen vermittelt (vgl. LW: 17). Arachnes Erzählungen von der Welt der Vögel und des Fliegens werden von der Taubstummen auf Wandteppichen dargestellt (vgl. LW: 161) und von Cotta als „Buch der Vögel" (LW: 162) bezeichnet. Echo spricht mittels ihrer Erzählungen von Versteinerungen und berichtet von der Endzeitvision Ovids, bei der die letzten zwei Menschen Deucalion und Pyrrah sind und aus Steinen Menschen werden. Cotta spricht

---

[164] Theisen 2006:586.
[165] Jamme 2010:Sp. 1681.
[166] Barthes 2007:193.

bei dieser Erzählung vom „Buch der Steine" (LW: 162). Bei Pythagoras sind unzählige Verschriftungen auf Steinen, Stoff und auch selbst Tieren Träger der Mythen. Er beschriftet „Häuser und Gartenmauern mit Eimern voll Wasser, Hunde und Steinwürfe". (LW: 207). Dem Konzept der kollektiven Autorschaft und der Diversifikation der Datenträger folgend, geht der Roman selbst soweit die Identität des verschwundenen Naso zu hinterfragen und diese mit denen der Tomitaner, insbesondere mit der des Pythagoras zu verweben:[167]

> Naso …? War das nicht der Verrückte, der gelegentlich mit einem Strauß Angelruten auftauchte und selbst bei Schneegestöber noch in einem Leinenanzug auf den Felsen saß? Und am Abend trank er in den Kellern, spielte Harmonika und schrie in der Nacht. Naso … Das war doch der Liliputaner, der im August in einem Planwagen in die Stadt kam und nach Einbruch der Dunkelheit über die weiße Rückwand des Schlachthauses Liebesfilme dröhnen ließ. (LW: 9)

Diese Beschreibungen treffen nicht auf den Autor Naso zu, sondern auf verschiedene Figuren des Romans und somit auf die kollektive Autorschaft. Cotta gelingt es demnach auch nicht den verbannten Autor zu finden, stößt jedoch an dessen Stelle auf eine Vielzahl anderer verbannter ‚Autoren'. Wie sich herausstellt, sind die Tomitaner nicht nur Träger der Mythen und somit Teil der kollektiven Autorschaft, sondern wurden auch selbst, gleich Ovid, einst von einem Ort verbannt oder waren wenigstens nicht in Tomi einheimisch:

> Aus Famas Klagen erfuhr Cotta nach und nach, daß nicht nur das Schicksal des griechischen Knechtes demjenigen seines Herrn ähnlich war, sondern daß an der Küste Tomis *alle* Schicksale einander zumindest in einem Punkt glichen: Wer immer sich in den Ruinen, Höhlen und verwitterten Steinhäusern Tomis heimisch gemacht hatte, kam selbst aus der Fremde, aus dem Irgendwo. (LW: 209)

Sie alle entstammten somit einer auf Vernunft basierenden Welt und befanden sich nun auf Tomi, einer Welt zwischen Realität und Fiktion, der Welt der Mythen.

5.3. Der Konstruktcharakter von Texten

Im Gegensatz zu einer Verarbeitung des Prätextes, die die „Autor-Intention" berücksichtigen würde, handelt es sich bei Ransmayrs *Die letzte Welt* vielmehr um eine Zusammensetzung von scheinbar zusammenhangslosen Erzählungen. Ein Text wird hierbei in seiner ursprünglichen Definition als „Gewebe aus Zitaten [verstanden], die

---

[167] Vgl. Büscher 2010:47.

tausenderlei Brennpunkten der Kultur entstammen."[168] Eine Verbildlichung dieses Gedankens stellt in Ransmayrs Roman der Versuch des Römers Cotta dar, auf „Fetzen" geschriebene Worte, in der Stadt Trachila, zusammenzufügen, um so eine Nachricht Ovids zu entschlüsseln. (Vgl. LW: 199) Aus postmoderner Perspektive fügt auch der Autor eines Werkes, wie Cotta, nur bereits Bestehendes zusammen. Daher wird auch verstärkt die Besetzung des ‚Autor-Begriffs' mit einem alternativen Terminus gefordert, der darauf hinweist, dass es sich beim Schriftsteller nur um einen „Scripteur"[169] handle, dessen Aufgabe lediglich die Niederschrift sei. Die Bedeutung der Niederschrift wird in *Die letzte Welt* an der Rolle des Knechten Pythagoras verdeutlicht, der Nasos *Metamorphosen* auch als sein eigenes Buch sieht, da er bestimmte Teile niederschrieb und von ihren Aussagen überzeugt ist. (Vgl. LW: 37)

Die Propagierung der einseitigen Ratio ist charakteristisch für Cottas, im römisch-totalitären Denksystem verankerte, Verhaltensweise. So versucht er unter anderem auch eine in Stein gemeißelte Nachricht von Naso zusammenzufügen und ist dabei „gierig nach dem Zusammenhang und Sinn der Sätze" (LW: 40). Dass sich die „Möglichkeiten der Zusammensetzung und Verbindung der Bruchstücke in einer einzigen Nachricht" (LW: 40) erschöpfen ließen, wird an dieser, wie auch an weiteren Stellen, durch die Verwendung des Konjunktivs hinterfragt. Wiederum ist hier somit die Rede von der Autonomie des Textes, der je nach ‚Scripteur' und Rezipienten unterschiedlich zusammengesetzt werden kann.

Auch Cottas Versuch sich eine objektive Meinung von dem Leben und dem Werk Ovids zu bilden, schlägt aufgrund der gegensätzlichen Berichte der Tomitaner fehl. So meint die anfangs verschlossene Echo, der Dichter „habe seine Erzählungen stets mit einer Versteinerung geschlossen" (LW: 127). Laut der Weberin Arachne habe er hingegen stets „von der Kunst des Fliegens und der Vogelwelt" (LW: 162) berichtet. Cotta fragt sich demnach, inwieweit Naso „jedem nur die Geschichten erzählt [habe], die er hören wollte oder zu hören imstande war" (LW: 162). Bei Arachne kommt noch die Tatsache hinzu, dass sie taubstumm ist. Dies wiederum deutet daraufhin, dass Geschichte perspektivenbedingt ist und daher nur in ‚Geschichten' wiedergegeben werden kann.

---

[168] Barthes 2007:190.
[169] Vgl. ebd.:191.

Dementsprechend wird an mehreren Stellen betont, dass es für jede Nachricht, so viele Auslegungen wie Beobachter gibt. Dies ist auch bei der Verbreitung des Gerüchts von Nasos Tod der Fall:

> [Dieses] Gerücht verwandelt [sich, wird] weiter ausgeschmückt oder abgeschwächt und manchmal sogar widerlegt [und ist] doch immer nur der Kokon für einen einzigen Satz geblieben, den es in sich barg wie eine Larve, von der niemand wußte, was aus ihr noch hervorkriechen würde." (LW: 8)

Überträgt man diesen Gedanken auf Texte im Allgemeinen, könnte man sagen, dass auch ein Text eigentlich nur einen „Kokon" darstellt, der in sich weitere Texte birgt. Dies erklärt, warum Cotta zu dem Schluss kommt, die „Erfindung der Wirklichkeit [bedürfe] keiner Aufzeichnungen mehr" (LW: 234). Es sind nicht materielle Datenträger, die das Fortbestehen einer Erzählung gewährleisten, sondern ihre Intertextualität und ihre Verwobenheit mit anderen Erzählungen. Auf diese, für die Postmoderne so bedeutende Intertextualität, wird an dieser Stelle daher näher eingegangen.

5.4. Intertextualität

Die Analyse eines Textes hinsichtlich seines intertextuellen Gehaltes steht immer in einem Abhängigkeitsverhältnis zum Vorwissen des Rezipienten. Demnach kann es vorkommen, dass bestimmte Bezüge zu Texten vom Leser kaum registriert werden und stattdessen neue, nicht vom Autor bezweckte Assoziationen zu anderen Prätexten aufgebaut werden.[170] Dies zeugt wiederum von der Autonomie des Textes, der erst in seiner Verarbeitung durch den Rezipienten ‚geschaffen' wird. In Ransmayrs *Die letzte Welt* wird dieser Prozess teilweise durch den Anhang des *ovidischen Repertoires* gelenkt. Dies macht jedem Rezipienten bewusst, dass sich der Roman *Die letzte Welt* auf Ovids *Metamorphosen* bezieht. Der Roman greift hierbei sowohl auf die Gliederung des Prätextes und seine fünfzehn Bücher als auch auf dessen Motive und Erzählungen zurück. Dennoch wird hier im Gegensatz zum Grundtext nicht die Verwandlung der Welt vom Chaoszustand zur Ordnung beschrieben, sondern dagegen die Verwandlung der auf Vernunft basierenden Welt Cottas in die Welt der Metamorphosen. Die Namen der Charaktere aus Ovids Epos und meist auch ein Großteil ihrer Geschichten werden in

---

[170] Vgl. Eco 2003:127-145.

Ransmayrs Roman beibehalten und weiterverarbeitet. Dies hat zu Folge, dass durch solche intertextuelle Bezüge Inhalte weiterhin bewertet und kommentiert werden. Aus ihrem zeitlichen Rahmen herausgegriffen, werden sie als fortwährend aktuelle Motive dargestellt, die somit unabhängig von ihrer Niederschrift in den Texten aller, von der Literaturwissenschaft untersuchten Epochen wiederzufinden sind. So werden in *Die letzte Welt* und somit in den Mythen der anthropomorphen Götter und anderer antiker Helden der *Metamorphosen* Ovids, epochenübergreifende Themen, wie Neid, Ehebruch, Betrug, Liebe und Zorn behandelt. Dies ist unter anderem bei Tereus der Fall, der sowohl als Schlachter bei Ransmayr, als auch als Thracerkönig bei Ovid, die Schwester seiner Frau vergewaltigt und ihr die Zunge herausschneidet. (Vgl. LW: 272f.) Demnach wiederholt sich dieselbe Handlung unabhängig von Zeit, Raum und gesellschaftlicher Stellung der Person. Der autonome Text besteht in einer neuen Zusammensetzung, unabhängig von seinen Autoren fort, da das Leben selbst ständig zur Hervorbringung desselben Geschehens fähig ist.

Das Textverständnis wird jedoch nicht nur gelenkt, sondern es wird auch durch bestimmte inhaltliche Bezüge Kritik an bestimmten Sachverhalten ausgeübt. Aufgrund des begrenzten Rahmens dieser Arbeit wird hierzu nur ein charakteristisches Beispiel aufgeführt. Der Missionar der Altgläubigen in Ransmayrs Roman fordert die Bewohner der Stadt dazu auf, am Karfreitag dem Leiden Jesu zu gedenken. (Vgl. LW: 86). Er wird nach Lichas benannt, der bei Ovid der Verräter des Herkules ist. Der Missionar wird also an dieser Stelle mit einer negativen Geschichte assoziiert, die ihm nicht eigen ist. So wird die Einstellung des Lesers gegenüber dieser Figur bewusst negativ beladen. Möchte man die Benennung des Missionars anders begründen, als mit einer gezielten Lenkung des Lesers, müsste es eine Gemeinsamkeit zwischen den zwei parallelisierten Figuren geben, ähnlich diesen, die bei den anderen Figuren zu finden sind. Man könnte zum Beispiel meinen, dass beide Erzählungen ähnliche Polaritäten aufweisen, da die Erhöhung und Vergöttlichung des Menschen, für die Hercules steht, gerade in Ovids Zeiten durch die Geburt Jesu immer stärker von einem monotheistischen Weltbild abgelöst wurde und somit ähnlich wie bei Hercules und Lichas „verraten" wurde. Doch werden Lichas und das Christentum, für das er hier steht, nicht nur durch die Namens-gebung abgewertet, sondern auch durch sarkastische Beschreibungen. Die Rede ist von Lichas' „Fischkutter", das auf das frühe Christentum hinweist, von seiner Herkunft aus

Konstantinopel, Symbol des byzantinischen Christentums und einer „verwahrlosten, von Flechten und Schimmelpilzen befallenen Kirche [sowie] eine[r] endlose[n] Litanei von Torturen […], denen Mitglieder einer Sekte unter römischer Herrschaft erlegen waren". (LW: 86) Das Christentum wird hierdurch unabhängig von Zeit und Raum mehrfach in einer undefinierbaren Zeit adressiert und auch kritisiert. Mehrfachadressierungen sind ein wesentliches Merkmal der Postmoderne und ihres Versuches mehrere Interpretationsebenen zu schaffen, was wiederum für die Autonomie des Textes sprechen würde.

Obwohl die Figuren in Ransmayrs Roman größtenteils als ambivalent dargestellt werden und so der Schaffung eines einheitlichen totalitären Realitätsbildes entgegengewirkt wird, scheint dies, wie am erwähnten Beispiel gezeigt wurde, nicht immer der Fall zu sein. Wird also nicht gerade durch den Anschein der Pluralität das Leservertrauen des Rezipienten gewonnen, so dass dieser dann anfälliger für die Lenkung durch den Autor ist? Anders gesagt wird nicht gerade durch die Annahme des ‚Todes' des Autors dessen lenkender autoritärer Einfluss dadurch verstärkt, dass der Leser für diesen nicht sensibilisiert wird?

6. Fokus Pluralität: Gegentendenz Totalität171

6.1. Die Totalität in Rom

Es gibt nur wenige längere Stellen in denen der auktoriale Erzähler sichtbar wird und somit in Cottas Erzählungen Fakten vorkommen, die er nicht wissen kann. Hierzu zählen unter anderem die Informationen, die der römische Staatsapparat über Nasos Leben sammelt und die detaillierte Beschreibung vom „ebenso vielgliedrige[n] wie nahezu unsichtbare[n] Mechanismus" (LW67) des Staatsapparats. So erinnert sich der Apparat nicht nur an „vergessene Huldigungen, unterlassene Kniefälle und die Verweigerung der Demut, sondern rief sich alles ins Gedächtnis, was an Naso im Lauf der Jahre jemals auffällig geworden war" (LW 67). Zu diesen Einzelheiten über Naso im „Gedächtnis des Apparats" (LW: 68) hat Cotta keinen Zugang. Daher können sie nur von einem allwissenden Erzähler geschildert werden.

Dass die Informationen, die der auktoriale Erzähler vermittelt darauf hinweisen, dass Wirklichkeit konstruiert ist, wird besonders deutlich als die Staatsfunktionäre eine Handbewegung des Imperators missdeuten:

> „Aber genug jetzt. Kein Wort mehr. Nicht an diesem Morgen. Nicht an diesem Fenster. Vielleicht später. Geh. Verschwinde. Ohne ein Wort, nur mit einer jähen, knappen Handbewegung, die kaum heftiger schien als das Abschütteln einer Stubenfliege, hatte Augustus den Berichterstatter unterbrochen und war dann ganz in den Anblick des Nashorns zurückgesunken." (LW: 58)

Ohne Beteiligung des Imperators, der „an diesem und ähnlich belanglosen Fällen nicht besonders interessiert" (LW: 73) ist, interpretiert der Apparat die Handbewegung des Imperators als Verbannungsurteil Nasos, da „eine Bewegung Seiner Hand *Fort* bedeute: *Aus meinen Augen!* Aus den Augen des Imperators aber hieß, ans Ende der Welt. Und das Ende der Welt war Tomi" (LW: 73). Durch den auktorialen Erzähler aber werden dem Rezipienten auch die Gedanken des Herrschers vermittelt, die der Interpretation des Apparates widersprechen, da dieser mit seiner flüchtigen Handbewegung lediglich sein Unbehagen über die Störung seiner Gedanken durch die Worte des Beamten äußert (LW: 70). Durch die Einblicke, die der auktoriale Erzähler dem Rezipienten in die Gedanken des Imperators ermöglicht (vgl. LW: 58), wird die Willkür deutlich mit der dieses Urteil gefällt wird. Zudem wird dem Leser die Absurdität des totalitären Modells

---

[171] Welsch 1994:13.

vor Augen geführt, da eine zufällige Handbewegung des Imperators über das Schicksal eines Menschen bestimmen kann. Zu erkennen ist außerdem, dass

> die totale Herrschaft einerseits alle Sinnzusammenhänge zerstört, mit denen wir normalerweise rechnen, und in denen wir normalerweise handeln. [Hingegen] errichtet sie einerseits eine Art Übersinn, durch den in absoluter und von uns niemals erwarteter Stimmigkeit jede, auch die absurdeste Handlung und Institution ihren 'Sinn' empfängt". (Arendt 1955: 699)

So kommt auch im Fall der Verbannung Nasos einer vollkommen „absurden" Geste eines desinteressierten Imperators ein „Übersinn"[172] zu. Es ist dieser „Übersinn", der sich in „Verordnungen und Paragraphen und alle legalen Voraussetzungen für das Massaker verwandelt"[173] und somit im ‚Deckmantel' der Vernunft etwas für rechtmäßig erklärt, das jeglichem Menschenrecht widerspricht.

Die totale Herrschaftsform, unter der sich Rom befindet, ist vom Einsatz von Gewalt, einem totalitären Weltbild und einer „entwickelten Administration"[174] geprägt. So wird zum Beispiel Nasos Komödie verboten, als diese bestehende Machtstrukturen zu gefährden scheint. (Vgl. LW: 46) Zensur erweist sich hiermit, als eine der wirkungsvollsten Methoden der Lenkung von Menschen. Diese Art von „Zensur" bilde demnach die Basis jeder totalen Herrschaftsform und scheint eng mit dem Diktum der Autorinstanz zusammenzuhängen. So befürchtet die Postmoderne, dass, wenn man von der Autorität des Autors ausgeht, man zugleich auch jegliche Interpretation abweist, die der Autor-Souveränität widerspricht. Dies würde ohne Zweifel das Fortbestehen totalitärer Systeme fördern.

In *Die letzte Welt* wird den Handlungen, die den Grundsätzen des totalitären Roms widersprechen, mit Gewalt entgegnet. So werden das Publikum und die Schauspieler von *Midas*, einem Stück Nasos, öffentlich zusammengeschlagen. (Vgl. LW: 45) Wer hierfür verantwortlich ist, kann nicht bestimmt werden, da die Entscheidungen über jegliche Handlung von einem komplexen Staatsapparat getroffen werden. Aufgrund der Trennung zwischen der Planung und der Vollstreckung von Gewalttaten ist es schwierig einen Verantwortlichen auszumachen, aber auch das Verantwortungsbewusstsein an sich nimmt ab.[175]

---

[172]Ebd.
[173]Ransmayr, Christoph: Weinte sonst niemand? Christoph Ransmayrs Dankesrede für die Verleihung des diesjährigen Bert-Brecht-Preises.http://www.welt.de/print-welt/article293070/Weinte_sonst_niemand.html - Aktualisierungsdatum: 05.02.2012.
[174] Sanda 2006:77.
[175] Dieser Mechanismus war vor allem in den Konzentrationslagern des Dritten Reiches zu beobachten.

Die, an unsere heutige Dienstleistungsgesellschaft erinnernde, Beschreibung eines Vorsitzenden, der „kurz vor der Mittagspause [ist], und einem teilnahmslosen Schreiber in der Gegenwart zweier Zeugen"(LW: 60) Nasos Urteil diktiert, weist daraufhin, dass die hier beschriebenen Züge eines totalitären Systems sehr wohl auch unsere scheinbar so pluralistische Gesellschaft betreffen.

Dass es beim Rom der *letzten Welt* um eine strikt organisierte Diktatur handelt, wird zum Beispiel durch eine „allgegenwärtige[...] Überwachung" (LW: 101) deutlich, die „bis in die Schlafzimmer" (LW: 118) reicht. Im totalitären Rom des Romans wird jeder Bürger somit - ähnlich wie bei den Diktaturen des 20. Jahrhunderts - ‚von oben' gelenkt. Deutlich wird dies besonders an den sich bei der Eröffnung eines Stadions versammelnden Massen, die sich „unter den Augen des Imperators in ein einziges, brennendes, rasendes Muster" (LW: 48) verwandeln. In seiner Rede vor diesem Massenpublikum versucht Naso den Bürgern Roms ihre Situation durch das Gleichnis von der Pest und den neuen Menschen von Aegina vor Augen zu führen, da das römische Volk

> willig und ohne Fragen [...] den neuen Herrschern [folgte], die von gleicher Herkunft waren, in die Triumphe wie in das Elend der Zeit, ohne Murren durch das Eis der Alpen, über die Meere und durch Wüsten, in Kriege, Eroberungszüge und selbst ins Feuer; es war ein genügsames, starkes Volk, das zu einem Heer von Arbeitern wurde, wo Gräben zu ziehen, Mauern zu schleifen und Brücken zu schlagen waren; in Zeiten des Kampfes wurde dieses Volk zu Kriegern, in denen der Niederlage zu Sklaven und im Sieg zu Herren und blieb durch alle Verwandlungen doch beherrschbar wie kein anderes Geschlecht. (LW: 52)

Doch Naso kann mit seiner Rede die Massen nicht erreichen. Ihre Reaktion ist die übliche: „Das Volk johlte; aber die Begeisterung war Vorschrift und galt weder dem Dichter noch den verhallten Reden" (LW: 54). So wird unter anderem deutlich, dass zum Beispiel totalitäre Systeme, unabhängig von ihrem zeitlichen Rahmen stets die gleichen Muster aufweisen. Obgleich in der Zeit der Verbannung Ovids, im augustinischen Rom oder im Dritten Reich, sie alle weisen dieselben Merkmale auf. Zum Beispiel erinnert die Beschreibung der Einweihung einer römischen Arena in *Die letzte Welt* stark an die Reichsparteitage und Militärparaden des Dritten Reiches:

> Eröffnungsnacht zweihunderttausend Menschen ihre mit Buntpulver bestreuten Fackeln nach den Kommandos einer Schar von Zeremonienmeistern zu lodernden Ornamenten erhoben, im Tosen der Blutorchester der Armee, die sich auf den Aschenbahnen zur Parade formierten, inmitten dieser entsetzlichen Herrlichkeit, in der sich das Volk von Rom unter den Augen des Imperators in ein einziges, brennendes, rasendes Muster verwandelte, begann Nasos Weg in die äußerste Einsamkeit, sein Weg an das Schwarze Meer. (LW: 48)

6.2. Die Pluralität in Tomi

Das totalitäre augustinische Rom und die von unvorhersehbaren Verwandlungen geprägte Stadt Tomi werden in *Die letzte Welt* einander kontrastiert. Deutlich wird dies bereits an den Symbolen, die jeweils für Rom und Tomi verwendet werden. Das Nashorn steht symbolisch für die Beständigkeit der römischen Macht[176] und ist somit auch das „Herrschaftsabzeichen des Imperators" (LW: 103), da an seinem Körper „der Lauf der Zeit keine Spuren zu hinterlassen" (LW: 105) scheint und „in den Jahren gleich wie ein Stein verbleibt" (LW: 105). Diese Vorstellung der Herrscher vom Nashorn und der Dauerhaftigkeit ihrer Macht, erweist sich jedoch als brüchig, da das Nashorn den Angriffen der Insekten hilflos ausgesetzt ist und als Lebewesen ohnehin den „Verfallsprozessen organischen Lebens unterworfen"[177] ist. Das Symbol Roms impliziert somit bereits den Untergang des Imperiums. Anders ist es beim Feuer, das „die ungebändigte und verwandelnde Kraft von Nasos Phantasie"[178] verkörpert. Verbrennt Naso sein Buch in Rom (vgl. LW: 35) und wird es somit zu Asche, so entsteht es wiederum aus ihr heraus:

> Der arme Naso behaupte ja von sich, in den Flammen, in der Glut und noch in der weißen, warmen Asche lesen zu können, behaupte, in seinen Bränden die Worte, die Sätze und Geschichten eines ganzen Buches zu entziffern. (LW: 95)

Steht das Nashorn für die scheinbare unveränderliche Macht des Imperators, so verkörpert das Feuer die Unvorhersehbarkeit, die ständige Wandlung und die daraus entstehende Pluralität Tomis. Auch Cotta selbst denkt und handelt zu Beginn den totalitären Mustern entsprechend, die in Rom Geltung finden. So erinnert ihn Lycaons Magd Echo, die bei ihrem ersten Zusammentreffen stets nur das Gehörte wiederholt, an die Anmut und Schönheit Roms. Der Leser ahnt, dass es wahrscheinlich Echos Übereinstimmen zu allem Vorgegebenen ist, das ihn an Rom erinnert und, dass er gerade dies an ihr als schön empfindet. Als schön wird demnach alles angesehen, das sich mit der eigenen Ordnung und Vernunft vereinbaren lässt und dadurch, den Anschein der Übersichtlichkeit und Vorhersehbarkeit weckt. So beginnt zum Beispiel auch Cotta im fremden, ihn ängstigenden Trachila zu erzählen,

---

[176] Epple 1992:72.
[177] Ebd.:73.
[178] Ebd.

um diesem wüsten Gerede aus dem Dunkel die Ordnung und die Vernunft einer vertrau-
ten Welt entgegenzusetzen: Rom gegen die Unmöglichkeit eines Maulbeerbaumes im
Schnee vor dem Fenster; Rom gegen die in der Einöde hockenden Steinmale, gegen die
Verlassenheit von Trachila. (LW: 14)

Deutlich wird an diesen Beispielen, dass der Mensch dazu neigt, Dinge in einen
kausalen Zusammenhang zu setzten und diese unter den bereits erwähnten „Übersinn"
zu stellen, um so eigene Ängste zu überwinden und das Gefühl zu haben, selbst das ihm
Fremde unter seiner Kontrolle zu haben. Gerade diesem „Übersinn" und der Totalität
für die er steht, wird also in diesem postmodernen Roman durch die Pluralität der
Deutungsmöglichkeiten bei Begriffen, Situationen und Figuren entgegengewirkt. Dies
geschieht nicht zuletzt durch die Metamorphosen selbst, die weder von Cotta noch vom
Leser über die Vernunft begründet werden können. Aber Cotta bleibt auch nicht
unbeeinflusst von den Metamorphosen und den, gegen die Naturgesetzte verstoßenden,
Ereignissen in Tomi. So stellen die Verwandlungen eine Gegenkraft zur römischen,
totalitären Auffassung von Wirklichkeit dar:

> Von allen Ideengegensätzen, mit deren Hilfe die Menschen sich selbst zu verstehen su-
> chen, sind die unablässig widerstreitenden Mythen der Beständigkeit (stasis) und der
> Verwandlung (metamorphosis) vielleicht die ältesten und tiefgründigsten. Die Beständig-
> keit, der Traum von der Ewigkeit, von einer starren Ordnung in den menschlichen Ange-
> legenheiten, ist der Mythos, den die Tyrannen bevorzugen; die Verwandlung, das Wissen,
> dass es nichts gibt, das seine Form bewahrt, ist die treibende Kraft der Kunst. (Rushdie
> 1997: 14)

In Tomi entsteht jedoch keine idyllische Alternativgesellschaft[179], da viele einem Leben
fernab der römischen Totalität nicht gewachsen sind. Diese „verschwanden schließlich
in der Wildnis, starben an Erschöpfung oder unter den Prügeln archaischer Kulturen, die
von den Armeen des Imperators zwar irgendwann überrannt, aber niemals beherrscht
worden waren" (LW: 102). Tomi ist also keine positive Alternative zu Rom, sondern
ein Ort der Alternativen, ein Ort der Pluralität und diese „ist nicht nur der Kampfruf,
sondern auch das Herzwort der Postmoderne."[180] Obwohl sie bereits ein Stichwort in
der Moderne war, führt aber erst ihre Radikalisierung zur Postmoderne.[181] Die Geister
scheiden sich jedoch an der Definition von Pluralität und dies ist auch der Grund,
weshalb der Pluralismus eine so beliebte Angriffsfläche für seine Kritiker bietet. Hierzu
zählt unter anderem Baudrillards Hinweis, dass „Pluralisierung Indifferenz zu erzeugen

---

[179] Epple 1992:44.
[180] Welsch 1994:13
[181] Ebd.:14.

droht."[182] Hält man sich vor Augen, dass das Eigene nur in Abgrenzung zum Fremden entsteht, wird deutlich warum Baudrillard skeptisch ist. Wenn alles akzeptiert wird, könnte dies zur Beliebigkeit und sogar zu einer Umkehrung der Pluralität in ihr Gegenteil führen. Wenn sich das Eigene vom Fremden nicht abgrenzte, würde auch keine Trennung zwischen dem Verschiedenartigen bestehen und somit entspräche dies wiederum einer manifesten Einheit. Welsch meint dementsprechend: „Dafür, daß sich inmitten von Indifferenzprozessen neue Pluralität bilden kann, zeugen heute vornehmlich Hybridbildungen, also Kombinationen von Heterogenem"[183], denn

> je mehr Möglichkeiten man schafft und je größer die Freiheit der Optionen wird, umso weniger Bedeutung haben die einzelnen Optionen, bis sie am Ende überhaupt nichts mehr bedeuten. Die vielen Möglichkeiten konsonieren schließlich im weißen Rauschen der Beliebigkeit.[184]

Welsch sieht dies als „eine gewichtige Mahnung auch noch an die Adresse der ernsthaften Vertreter des Pluralisierungs-Theorems"[185], verdeutlicht aber auch, dass es sich bei der „Beliebigkeitspropaganda […] um eine Mißdeutung der Postmoderne" handelt und dass es nicht Ziel sei das Verschiedenartige in einen „indifferente[n] Einheitsbrei"[186] zu verwandeln, sondern die unterschiedlichen Möglichkeiten in ihrer Eigenheit verfolgt werden sollten. Es stellt sich somit die Frage, wie die Vieldeutigkeit des autonomen Textes in Ransmayrs Roman verdeutlicht werden kann, und ob hierbei Indifferenz erzeugt wird. Die Antwort hierauf bildet der Eklektizismus.

Hierbei handelt es sich um ein „Verfahren, das aus verschiedenartigen Vorlagen und Vorbildern, Gedanken, Theorien, Anschauungen oder Stilelementen […] auswählt und diese dann kompiliert."[187] Meistens wird hierbei kaum Rücksicht auf den originalen Kontext genommen.[188] Daher ist es auch nicht verwunderlich, dass die pluralistisch ausgerichtete Postmoderne Tendenzen zum Eklektizismus aufweist. Dementsprechend wird auch in *Die letzte Welt* heterogenes Material zu einem „evident brüchigen Ganzen"[189] zusammengefügt. Das, was Cotta auf einem Stoff in Trachila liest, gilt hier auch

---

[182] Ebd.:20.
[183] Ebd.
[184] Ebd.:19.
[185] Ebd.:20.
[186] Ebd.:19.
[187] Burdorf 2010:182.
[188] Vgl. ebd.
[189] Meier, Albert: Literatur des 20. Jahrhunderts. http://www.literaturwissenschaft-online.uni-kiel.de/veranstaltungen/vorlesungen/literatur20/letztewelt.pdf - Aktualisierungsdatum: 05. 02. 2012.

für die Komposition eines Textes: „Keinem bleibt seine Gestalt." (LW: 11) Zur Indifferenz wird diese Pluralität somit nicht, da mehrere Deutungsmöglichkeiten unabhängig voneinander fortbestehen und der Versuch Cottas die Erzählungen der Bürger Tomis zu einem widerspruchsfreien Ganzen zusammenzufügen und somit Nasos *Metamorphosen* zu rekonstruieren, scheitert. Hingegen bestehen mehrere Versionen des Buches, so zum Beispiel Echos „Buch der Steine" (LW: 162) und Arachnes „Buch der Vögel" (ebd.) unabhängig voneinander fort.

6.3. Die Pluralität der Deutungsmöglichkeiten

Es ist bei Ransmayr nicht unüblich, dass ein und derselbe Begriff kontrovers beschrieben wird. Zum Beispiel beginnt der Roman mit einer dreifachen Anapher, die als dreifacher Parallelismus mit Klimax ausgeführt ist. (Vgl. LW: 5) Der anfänglichen euphemistischen Beschreibung den Orkanes, als „weiße[r] Schwarm", folgt eine vollkommen kontroverse, die einen Orkan mit dem „saure[n] Gestank des Erbrochenen" assoziiert. Diese beiden Beschreibungen stehen in absoluter Diskrepanz zueinander und deuten somit auf die unterschiedlichen Deutungsmöglichkeiten eines einzigen Begriffes hin. Hierbei entsteht Pluralität. Auch für Geschehnisse im Roman werden mehrere Deutungsmöglichkeiten aufgezeigt: so auch für das in Nasos Haus entfachte Feuer.

> Aber es gab so viele Deutungen: Eine Bücherverbrennung – da habe einer aus Wut und Verzweiflung und ohne Besinnung gehandelt. Ein Akt der Einsicht – da habe einer den Sinn der Zensur erkannt und selbst Hand an das Zweideutige und Mißratene gelegt. Eine Vorsichtsmaßnahme. Ein Geständnis. Eine Täuschung. Und so fort. (LW: 15)

Wiederum wird hier durch Verwendung des Konjunktivs und einer doppelten Anapher, verdeutlicht, dass es sich nur um verschiedene Deutungsmöglichkeiten einer Tat handelt. Auskunft über den tatsächlichen Grund für das Feuer wird nicht gegeben, da im Sinne der Postmoderne auch hier auf die Frage nach den bestehenden Verhältnissen und der Wahrheit verzichtet wird.[190]

Eine Parallele zu den Versteinerungen Tomis bilden, die in Rom verbliebenen „versteinerte[n]" (LW: 106) Bedeutungen, die dem verbannten Dichter zukommen:

---

[190] Vgl. Zima 1993:310.

So versteinerte der Dichter seine Feinde als ein Symbol der Gerechtigkeit römischer Justiz, die allein auf das Wohl des Staates achte und dabei für den Glanz der Berühmtheit blind sei – seinen Anhängern aber als ein unschuldiges Opfer der Macht. (LW: 106)

Auch hier könnte man von Verwandlungen sprechen. So wie sich Menschen in Tomi zu Steinen verwandeln, die unter Bearbeitung eine beliebige Form annehmen können und so der Welt unabhängig von ihrem eigenen Dasein zur Verfügung stehen, so kommen auch jedem Menschen und jeder Geschichte, auch in Rom, divergente, sich veränderbare Bedeutungen zu, die unabhängig vom Individuum selbst, fortbestehen.

7. Fazit

„Mein idealer postmoderner Schriftsteller imitiert nicht und negiert nicht seine Eltern im zwanzigsten noch seine Großeltern im neunzigsten Jahrhundert. Er hat die Moderne verdaut, aber er trägt sie nicht als bedrückende Bürde mit sich herum."[191] Mit dieser Prämisse Barths stellt sich schlussfolgernd die Frage, ob es sich in dieser Hinsicht bei Ransmayr um den idealen postmodernen Schriftsteller handelt. Dass dieser die Literatur der Vergangenheit nicht negiert, wird bereits an seinem Rückgriff auf die *Metamorphosen* Ovids deutlich. Zudem konnte in dieser Arbeit gezeigt werden, dass die im Roman vorfindbaren postmodernen Züge stets in ihrer Gegentendenz zu den Schlüsseltermini der Moderne dargestellt werden und wie bereits im zweiten Kapitel gezeigt wurde kann die Postmoderne bereits aus begriffstechnischen Gründen nur im Zusammenhang zur Moderne untersucht werden. Somit negiert Ransmayr „seine Großeltern im neunzigsten Jahrhundert"[192] keinesfalls.

Auch Barthes Vorstellung von einem „ideale[n] postmodernen[n] Roman"[193] scheint auf *Die letzte Welt* zuzutreffen. Demnach müsse dieser „den Streit zwischen Realismus und Irrealismus, Formalismus und ‚Inhaltismus', reiner und engagierter Literatur, Eliten- und Massenprosa überwinden".[194] Dass der „Streit zwischen Realismus und Irrealismus"[195] in *Die letzte Welt* überwinden wird, wurde in Kapitel 3 gezeigt: Cotta hört letztendlich auf zu versuchen die Dissonanz zwischen seiner Wirklichkeit und dem Phantastischen in Tomi zu erklären. Es wurde zudem gezeigt, dass das Verrücktwerden Cottas hierbei als Ausweg aus der Diskrepanz zwischen Vernunft fungiert. Hiervon ausgehend wurde in der vorliegenden Untersuchung festgestellt, dass in Ransmayrs Roman die Vorstellung einer objektiven Realität dekonstruiert wird. Hierbei wurde der gesamte Prozess der ‚Realitätsbildung' abdeckt. Gemeint sind hiermit: die Konstruktion von Realität bedingt durch die eigene subjektive Wahrnehmung und die (geschichtliche) Verarbeitung von Realität, gegeben durch die Rezeption von geschichtlichen Stoffen (z.B. Ovids Verbannung) und dem Prätext der *Metamorphosen*.

---

[191] Barth 1980, zitiert nach Eco 1992:77.
[192] Ebd.
[193] Ebd.
[194] Ebd.
[195] Ebd.

Auch dem Postulat der Aufhebung der Grenzen zwischen klassisch elitärer Literatur und unterhaltungsorientierter Massenprosa wird Ransmayrs Werk gerecht, da er es schafft „trotz der qualitativ hohen anspruchsvollen Sprache, intelligent und spannend zu unterhalten".[196] Hierzu trägt auch das Konzept vom ,Tod des Autors' bei, auf das in dieser Arbeit eingegangen wurde, auf die Unabhängigkeit des Textes von seinem ,Scripteur' verweist und besonders deutlich an der Pluralität der Erzählungen der Tomitaner von Nasos *Metamorphosen* zu sehen ist.

Trotz des großen ästhetischen Wertes des Romans, gewährleistet durch einen überaus gewählten Sprachgebrauch und die häufige Verwendung von rhetorischen Mitteln, handelt es sich hierbei nicht bloß um „l' art pour l' art"[197] und demnach um die von Barth als rein charakterisierte Kunst, sondern auch um eine engagierte Literatur, die unter anderem explizite Kritik an totalitären Staatssystemen ausübt. Daher ist auch das Rom des Romans geprägt von Merkmalen totalitärer Systeme aller Zeiten.

Resümierend kann abschließend festgehalten werden, dass in Ransmayrs *Die letzte Welt* die Sinnsuche im Mittelpunkt steht. Sie ist es, die Cotta zunächst dazu veranlasst, den verbannten Autor, in Tomi aufzusuchen. Sie liegt auch Cottas Versuch zugrunde, das Phantastische rational zu belegen. Von ihr geht auch jegliche Ideologie aus, die einem totalitären Staat zugrunde liegt. Cotta muss schließlich feststellen, dass das von ihm gesuchte *einzige* Buch der Metamorphosen, ein Sinnbild für den Glauben an die *einzige* Wahrheit, nicht als solches vorhanden ist und dass er selbst in ihm lebt. Steht *das* Buch somit für die sinngebende Ideologie, könnte die Tatsache, dass Literatur zu Cottas Wirklichkeit geworden ist, als Zeichen hierfür interpretiert, dass im Leben an sich der Sinn liege. Andererseits gibt der Roman selbst keine direkte Erklärung hierzu. Epple kommt daher zu folgender Schlussfolgerung:

> Alle interpretatorischen Bemühungen, wie sie auch hier geschehen sind, können nicht sicher sein, daß es ihnen in ihrer Suche nach Sinn im Text nicht geht wie Cotta in Tomi, der auf überkommene Erklärungsmuster und oberflächliche Signale hereinfällt, während die *Letzte* Welt nicht anderes sein will als ein intertextuelles Bezugssystem.[198]

---

[196] Möver 2004:100.
[197] Vgl. Lotter 2004:223.
[198] Epple 1992:97.

8. Literaturverzeichnis

Primärliteratur:

RANSMAYR, Christoph 1991: *Die letzte Welt. Mit einem Ovidischen Repertoire.* Frankfurt am M.: Fischer Taschenbuch Verlag. [Zit. als: LW.]

Sekundärliteratur:

ANSGAR Nünning 1995: *Von historischer Fiktion zu historiographischer Metafiktion. Bd. 1. Theorie, Typologie und Poetik des historischen Romans.* Trier: WVT, S.1.

BARTHES, Roland 2007: Der Tod des Autors. In: Jiannidis, Fotis (Hrsg.): *Texte zur Theorie der Autorschaft.* Stuttgart: Reclam, S. 185-193.

BEHRENS, Roger 2008: *Postmoderne.* Hamburg: Europäische Verlagsanstalt.

BURDORF, Dieter 2010: *Metzler Literatur Lexikon.* Stuttgart: Metzler Verlag.

BÜRGER, Peter 1988: Das Verschwinden der Bedeutung. Versuch einer postmodernen Lektüre von Michel Tournier, Botho Strauß und Peter Handke. In: Peter Kemper: *„Postmoderne" oder der Kampf um die Zukunft. Die Kontroverse in Wissenschaft, Kunst und Gesellschaft.* Frankfurt am Main: Fischer.

BÜSCHER, Nick 2010: Mythos *in der Postmoderne: Christoph Ransmayrs Die letzte Welt.* Hamburg: Diplomica Verlag.

CHANDLER, Daniel 1994: *Semiotics for Beginners.* http://www.aber.ac.uk/media/Documents/S4B/. Aktualisierungsdatum: 05.02.2012.

DE ONIS, Federico 1934: *Antologia de la poesia espanola e hispanoamericana.* Madrid.

ECO, Umberto 1973: *Das offene Kunstwerk*. Frankfurt/M., S.214.

EPPLE, Thomas 1992: Christoph Ransmayr. *Die letzte Welt. Interpretation von Thomas Epple*. München: Oldenbourg (= Oldenbourg-Interpretationen Bd. 59).

HABERMAS, Jürgen 1988: *Der philosophische Diskurs der Moderne*. Frankfurt: Suhrkamp.

HAGE, Volker: *Mein Name sei Ovid*. In: Zeit, 07.10.1988.

HAGE, Volker 1997: Eine Art Museum lichter Momente. In: Uwe Wittstock (Hrsg.): *Die Erfindung der Welt. Zum Werk von Christoph Ransmayr*. Frankfurt am Main: Fischer, S. 205-212.

HIGGINS, Dick 1978: *A Dialectic of Centuries. Notes Towards a Theory of the New Arts*. New York.

JAMME, Christoph 2010: Mythos. In: *Enzyklopädie Philosophie*. Hrsg. Hans Jörg Sandkühler. Hamburg: Felix Meiner Verlag, Sp. 1681.

JUST, Renate: Christoph Ransmayr. Erfolg macht müde. In: *Zeitmagazin Nr. 51*, 16.12.1988, S.50.

KANT, Immanuel 1784: Beantwortung der Frage: Was ist Aufklärung? In: *Berlinische Monatsschrift. Dezember-Heft 1784*. S. 481-494.

LOTTER, Konrad 2004: „L'art pour l'art", In: Wolfhart Henckmann, Konrad Lotter (Hrsg.): *Lexikon der Ästhetik*. München.

LUTZELER, Paul Michael 1993: Von der Präsenz der Geschichte. Postmoderne Konstellationen in der Erzählliteratur der Gegenwart. In: *Neue Rundschau 104*.

LYOTARD, Jean-Francois 1986: *Das postmoderne Wissen: Ein Bericht.* Wien.

MADER, Johann 1996: *Von der Romantik zur Post-Moderne.* Wien: WUV. Universitätsverlag.

McHALE, Brian 1987: *Postmodernist Fiction,* New York: Routledge.

MEIER, Albert: *Literatur des 20. Jahrhunderts.* http://www.literaturwissenschaft-online.uni-kiel.de/veranstaltungen/vorlesungen/literatur20/letztewelt.pdf - Aktualisierungsdatum: 05. 02. 2012.

MÖRTENHUMMER, Monika; MÖRTENHUMMER Harald 2009: *Zitate im Management.* Wien: Linde Verlag.

MÖVER, Jonna 2004: *Aspekte der Postmoderne in C. Ransmayrs Romanen „Die Schrecken des Eises und der Finsternis" und „Die letzte Welt".* Grin Verlag.

ORTHEIL, Hanns-Josef 1994: Texte im Spiegel von Texten. Postmoderne Literaturen. In: *Literarische Moderne. Europäische Literatur im 19. Und 20. Jahrhundert.* Funkkolleg. Studienbrief 10. Studieneinheit 30. Tübingen: DIFF, S. 30/1-30/36.

OVID 2007: *Metamorphosen. Aus dem Lateinischen von Erich Rösch.* München: DTV.

PANNWITZ, Rudolf 1917: *Die Krisis der europäischen Kultur.* Werke Bd. 2. Nürnberg.

PODOSSINOV, Alexander 1987: *Ovids Dichtung als Quelle für die Geschichte des Schwarzmeergebietes.* Konstanz: Uvk Universitätsverlag.

PRECHTL, Peter 1999: *Metzler Philosophie Lexikon.* Stuttgart: Metzler Verlag. S.458f.

RANSMAYR, Christoph 2000: *Entwurf zu einem Roman*. In: Jahresring 1987-1988. Zitiert nach: Thomas Epple: Christoph Ransmayr. Die letzte Welt. Interpretationen von Thomas Epple. München: Oldenbourg (= Oldenbourg-Interpretationen Bd. 59), S. 122-124.

RANSMAYR, Christoph 2004: *Geständnisse eines Touristen. Ein Verhör.* Frankfurt am Main, S. 129.

RANSMAYR, Christoph: *Weinte sonst niemand? Christoph Ransmayrs Dankesrede für die Verleihung des diesjährigen Bert-Brecht-Preises.* http://www.welt.de/print-welt/article293070/Weinte_sonst_niemand.html - Aktualisierungsdatum: 05.02.2012.

RODIEK, Christoph 1997: *Erfundene Vergangenheit. Kontrafaktische Geschichtsdarstellung (Uchronie) in der Literatur*, Frankfurt/M.: Vittorio Klostermann.

RUSHDIE, Salman 1997: Der Künstler, zermalmt von den Mythen eines Tyrannen. In:Uwe Wittstock (Hrsg.): *Die Erfindung der Welt. Zum Werk von Christoph Ransmayr*, Frankfurt am Main: Fischer, S. 14-17.

SANDA, Draga 2006: *Christoph Ransmayrs Romane „Die Schrecken des Eises und der Finsternis", „Die letzte Welt" und „Morbus Kitahara": eine narratologische, historische und rezeptionsästhetische Untersuchung.* Ohio: Univ.-Philosophy in the Graduate School, Diss.

SCHÄFER, Francis 1985: *Preisgabe der Vernunft. Kurze Analyse der Ursprünge und Tendenzen des modernen Denkens.* Witten: SCM R. Brockhaus.

SCHMIDT, Burghardt 1986: *Postmoderne - Strategien des Vergessens.* Darmstadt: Verlag Luchterhand.

SCHMIDT-DENGLER, Wendelin 1997: Keinem bleibt seine Gestalt. Christoph Ransmayrs Roman ‚Die letzte Welt'. In: Uwe Wittstock (Hrsg.): *Die Erfindung der Welt. Zum Werk von Christoph Ransmayr.* Frankfurt am Main: Fischer, S. 100-112.

STAHL, Thomas 2007: *Geschichte(n) erzählen: Das Verhältnis von Historizität und Narrativität bei Christoph Ransmayr im Kontext postmoderner Konstellationen.* Plzeň: Grin Verlag.

STELZNER, Werner 2010: Mythos. In: *Enzyklopädie Philosophie.* Hrsg. Hans Jörg Sandkühler. Hamburg: Felix Meiner Verlag, Sp. 1430.

THEISEN, Bianca 2006: *Metamorphosen der Literatur: Christoph Ransmayrs Die letzte Welt.* In: MLN 121, S. 582-591.

TOYNBEE, Arnold J. 1947: *A Study of History, Abridgement of Volumes I – VI by D.C. Somerwell.* Oxford.

WELSCH, Wolfgang 1987: Welsch, Wolfgang. *Unsere postmoderne Moderne. Schlüsseltexte der Postmoderne- Diskussion,* Weinheim: VCH.

WELSCH, Wolfgang 1994: *Wege aus der Moderne: Schlüsseltexte der Postmoderne-Diskussion.* Berlin: Akademie Verlag.

ZIMA, Peter 1993: Zur Konstruktion von Moderne und Postmoderne. In: *Wiener Slawistischer Almanach, Bd. 32,* S. 297-310.